Mein Leben -

Kampf um Selbstbestimmung

Eine Autobiographie von
Maria Fasching

Impressum

Mein Leben - Eine Autobiographie von Fasching, Maria, Wien, 2021
Unter Mitarbeit von: Michaela Kapellner (Korrektur, Layout), Björn Scharmüller (Lektorat) und Gunnar Scharmüller (Produktion) - Verlag: myMorawa von Dataform Media GmbH, Wien, www.mymorawa.com – Private Fotos: Maria Fasching, Blumenfotos: M. Kapellner – Coverfoto: Samuel Kinzl (Verein ÖVSE)

ISBN:
978-3-99129-378-1 (Paperback)
978-3-99129-379-8 (Hardcover)
978-3-99129-380-4 (E-Book)

202021032
PRINTED IN AUSTRIA

Danksagung

Bei folgenden Personen möchte ich mich bedanken, weil sie in meinen Leben sehr wichtig waren oder noch sind:

Meinen Eltern und meiner Urgroßmutter sowie beim Hans Onkel. Ganz besonders bedanke ich mich bei meinem Klassenlehrer Erich Knob und bei meinem Lebensgefährten Josef. Danke an die BetreuerInnen, die Sekretärin und die Zivildiener vom Spastiker-Verband: Judith, Cordula, Samuel, Julian, Monika. An die Betreuer der WG Canevalestr. und die Betreuer der Tagesbetreuung Hochstr. sowie bei Betreuerin Christine, die mich mit meinem Lebensgefährten wieder zusammen gebracht hat. Danke auch an den Besuchsdienst Maria Fessl.

Inhaltsverzeichnis

Vorwort 7

Kindheit – Familie 9

Über mein Leben 10
Kritzendorf 13
Meine schwierige Zeit 15
Großmutter 19
Der Tod meines Vaters 21

Arbeit, Wohnen 24

Tagesstätte 25
Der Spastiker-Verband 27
Wohnheim Rodaun 31
Wohngemeinschaft Gatterederstr. 35
Der Umzug in die Wohngemeinschaft Canevalestr. 41
Keine gute Erinnerung 43

Ungewollte Hilfe 45

Die ungewollte Hilfe 46
Der alte Mann 47
Die Falschaussage 48
Drogenabhängig 49
Epilepsieanfall 50
Der Einkauf 51
Ein Erlebnis mit einer Frau 51
Die Bahnfahrt 52

Liebe 54

Meine erste große Liebe 55
Mein Lebensgefährte 56
Liebe fragt nicht nach dem Alter 59
Böhmischer Prater 61
Der verregnete Tag 61
Goodbye My Love 62
Nicht ohne meine Tochter 64
Für dich soll's rote Rosen regnen 65

Freizeitgeschichten 67

Ein Wochenende mit Peter Weck 68
Ein ganz besonderer Sonntag 69
Man bekommt im Leben nicht alle Wünsche erfüllt 70
Ausflug nach Perchtoldsdorf 71
Musik 73

Die Weihnachtsfeier ... 73
Der Heilige Leopold III, Markgraf von Österreich ... 75
Einem geschenkten Gaul schaut man nicht ins Maul ... 76
Wiener Besuch von den Rosenheim-Cops ... 76

Corona ... 79

Der Mensch denkt und Gott lenkt ... 80
Krieg mit einem Unbekannten ... 80
Das gewonnene Selbstvertrauen ... 82
Herausforderung für die Seele ... 84
Ostern einmal anders ... 85
Ostern im Schnee ... 86
O du lieber Augustin ... 87
Mein 69. Geburtstag ... 88
Die Fastenzeit ... 88
Mein Name ist Hase, ich weiß von nichts ... 89
Eineinhalb Jahre in der Pension ... 89
Die Tagesbetreuung in der Hochstraße ... 93

Tiergeschichten ... 99

Ist eine Freundschaft mit einem Tier einfacher, als mit einem Menschen? ... 100
Das Glück der Erde liegt auf dem Rücken der Pferde ... 101
Grisu ... 101
Mona ... 102
Weihnachten ... 103
Der Silvester ... 103
Schwarze Katze Puppi ... 104
Eichkätzchen ... 105
Ein nächtlicher Besuch ... 106
Schnurzi ... 106
Ferry ... 107
Pina ... 108
Wastl ... 111
Eine Hundegeschichte ... 111

Kurzgeschichten ... 113

Die Sage vom Schloss Orth ... 114
Eine Fantasiereise ... 115
Zum 85sten Geburtstag von Elvis Presley ... 116
Hundert Jahre Salzburger Festspiele ... 116
Mein Lebenslauf ... 118

Vorwort

Das Corona-Buch

Warum Corona-Buch? Weil diese Geschichten hauptsächlich in der Corona-Zeit geschrieben geworden sind. Es war der dritte Anlauf. Der Beginn dieses Buches.

Schon immer war es mir ein Bedürfnis, über mein Leben zu schreiben. Wie es als Behinderter so geht und wie man so fühlt. Ich würde sagen, wie ein ganz normaler Mensch auch. In dem Versuch ein normales Leben zu führen. Manchesmal fiel es mir doch sehr schwer und ich glaubte, es geht nicht mehr weiter. Irgendwie habe ich mich doch aufgerafft und hatte viel Glück. Mit Hilfe der Betreuer wurde es mir ermöglicht, dass ich heute ein gutes und ein zufriedenes Leben führe. Ich habe eine glückliche Beziehung und habe viel erreicht in meinem Leben. Dieses Buch enhält ca. 26 einzelne Geschichten, von meiner Geburt bis zur Jetztzeit.

Es ist schon sehr lange her, als ich die Idee hatte, ein Buch über mein Leben zu schreiben. Damals war ich im Spastiker-Verband (ÖVSE – Österreichischer Verband für Spastiker-Eingliederung) und machte es als Projekt für die Arbeit. Seit ich mit der Schreibmaschine zu schreiben gelernt habe, ist das Schreiben mein Hobby geworden.

Es vergeht kein Tag, ohne dass ich beim Computer sitze. Am liebsten schreibe ich Geschichten, aber auch wenn mich etwas ärgert. Das schreibe ich als Geschichtsform auf. Ich habe Schwierigkeiten mit dem Sprechen und damit, dass mich die Betreuer oder auch die anderen Leute besser verstehen können. Eines Tages, als ich schon 36 Seiten von meinem ersten Buch hatte, hat der Computer fast die Hälfte des Buches gelöscht. Obwohl ich immer abgespeichert habe. Ein Zivildiener konnte es wieder herstellen und die 36 Seiten waren wieder da. Doch ich wollte nicht mehr weiter schreiben. Ich ärgerte mich so sehr, dass ich sagte, ich schreibe kein Wort mehr.

Hannes, ein Arbeitskollege, fragte mich warum ich schnell aufgebe. Irgendwann habe ich wieder neu begonnen, aber wieder gleich aufgegeben. Weil ich fragte eines Tages die Betreuerin, ob die

Möglichkeit besteht, dass ich mein Buch veröffentliche. Sie gab mir zur Antwort: "Es ist nicht leicht, ein selbstgeschriebenes Buch zu veröffentlichen."

Damals habe mich sehr geärgert über diese Antwort. Ich habe mir gedacht, ein jeder schreibt schon ein Buch. Ein jeder Schauspieler und berühmte Leute schreiben Bücher. Nur weil ich behindert bin, soll ich nicht im Stande sein, ein Buch zu schreiben?

Erst in der Corona-Zeit habe ich begonnen wieder zu schreiben. Ich musste lange Zeit zuhause bleiben und dadurch fand ich Zeit, wieder neu zu beginnen.

Vielleicht werde ich sogar berühmt oder ich kann Menschen mit besonderen Bedürfnissen helfen. Es gibt vielleicht auch jemanden, der ein ähnliches Schicksal wie ich erlebt hatte. Ich will Mut machen und man soll nicht gleich aufgeben.

Maria Fasching, im August 2021

Kindheit – Familie

Maria mit Mama

Über mein Leben

Am 30. März 1951 war Ostermontag, so erzählte mir meine Mutter. Angeblich waren an diesem Tag zu wenig Ärzte im Spital. Meine Mutter wurde in der Früh noch untersucht und der Arzt bemerkte, dass etwas nicht stimmte. Er sagte zu der Schwester, bevor die Geburt eingeleitet wird, wäre es ratsam ein Röntgenbild zu machen. Doch auf das Röntgenbild wurde vergessen. Die Geburt verlief nicht ohne Probleme, weil ich als behinderter Mensch auf die Welt gekommen bin.

Wenn ich nachdenke, war mein Leben trotz meiner Behinderung sehr schön. Jeder Mensch hat Höhen und Tiefen. Das gehört zum Leben einfach auch dazu. Dank meiner Eltern wurde ich, wie andere Kinder,

ganz normal aufgezogen und erzogen. Meine Mutter konnte auch sehr streng, aber auch sehr lieb sein. Dass ich so selbstständig geworden bin, habe ich nur ihr zu verdanken. Ca. mit drei Jahren wurde ich operiert und erst mit acht Jahren habe ich gehen gelernt.

Meine Mutter dachte, dass ich eine Schule besuchen sollte. Aber das war für meine Mutter und mich nicht so leicht. Wir wohnten in Kritzendorf im Wiener Wald. Es gab eine Schule, aber wegen meiner Behinderung haben sie mich nicht aufgenommen. Deswegen mussten meine Mutter und ich jeden Tag mit dem Zug nach Wien fahren, damit ich überhaupt eine Schule besuchen durfte. Zuerst zum Max Winter Platz im 2. Bezirk und dann nach Währing in 18. Bezirk. Damals hieß sie noch Währinger Schule. Sie wurde dann umbenannt und heißt jetzt Hans Radl Schule. Diese Schule wird als Sonderschule für körperbehinderte Kinder geführt und hat neben 4 Klassen Volksschule, 4 Klassen Hauptschule, noch eine M Klasse. Die M Klasse war für lernschwache Kinder, solche Kinder, die mit dem Hauptschulunterricht nicht zurecht kamen. Dazu gehörte auch ich.

In der 4. Klasse habe ich völlig versagt. Heute denke ich, vielleicht war es die Pubertät. Weil mit 13, 14, oder 15, wird ein Mädchen zu einer Frau. Die erste Regel, die erste Liebe. Die neue Lehrerin, sie war mir so fremd. Ich konnte keine Beziehung zu ihr aufbauen. Zum Lernen hatte ich die Lust verloren. Da war ein junger Lehrer, der war sehr fesch. In den habe mich verliebt und zum Lernen hatte ich keinen Kopf mehr. In der Mittagspause ging ich immer in den Schulgarten und schaute in die großen Fenster hinein, um meinen Lehrer zu sehen. Wenn ich heute zurückdenke, wie blöd ich war, müsste ich mich schämen. Kennengelernt habe ich ihn im Friesenheim am Nussberg. Ich war das erste Mal dort und habe mich gleich wohl gefühlt. Ich spielte gleich mit den anderen.

Fast jeden Tag gingen wir spazieren, den Weg zum Beethoven Gang oder zur Donau. Ich konnte damals nicht richtig gehen und deswegen setzte er mich in einen Leiterwagen. Dann führte er mich herum. Ich verbrachte dann viele Jahre die Sommerferien in diesem Heim. Doch mein Lehrer Rudi war nicht mehr dabei. Angeblich durften die Lehrer in den Ferien nicht mehr arbeiten. Zufällig nach vielen Jahren sah ich ihn wieder. In der Schule am Max Winter Platz gab es kein Schwimmbecken. Zum Schwimmen mussten wir in die Hans Radl Schule fahren, um die Unterwassertherapie zu machen. Das war für uns Körperbehinderte sehr wichtig denn dadurch wird unsere Spastik ein wenig gelockert.

Dadurch lernte ich besser gehen und mich bewegen. So sah ich ihn wieder und die Freude war sehr groß. Darum war ich gar nicht so abgeneigt, von der Schule am Max Winter Platz in die Hans Radl-Schule zu wechseln. Einfach so hätte ich nicht gewechselt. Sondern wegen dem Schulbus. Der Busfahrer wollte mich nicht mehr vom Franz Josef Bahnhof abholen, angeblich war es zu weit bis zum Max Winter Platz zu fahren.

Das Näheste war in Währing die Hans Radl-Schule. Es wäre eine große Anstrengung gewesen, für meine Mutter und mich. Zuerst mussten wir mit der Bahn von Kritzendorf nach Wien und dann noch mit der Straßenbahn weiter in zweiten Bezirk zur Schule fahren. Es war auch von der Straßenbahn ein Stück zu gehen und das zweimal am Tag. Mit dem Lernen wäre es mir zu viel geworden. Meine Mutter musste auch noch den Haushalt führen und mich betreuen (waschen, anziehen und manchesmal auch füttern). Nur am Wochenende musste ich mich alleine waschen, anziehen und essen.

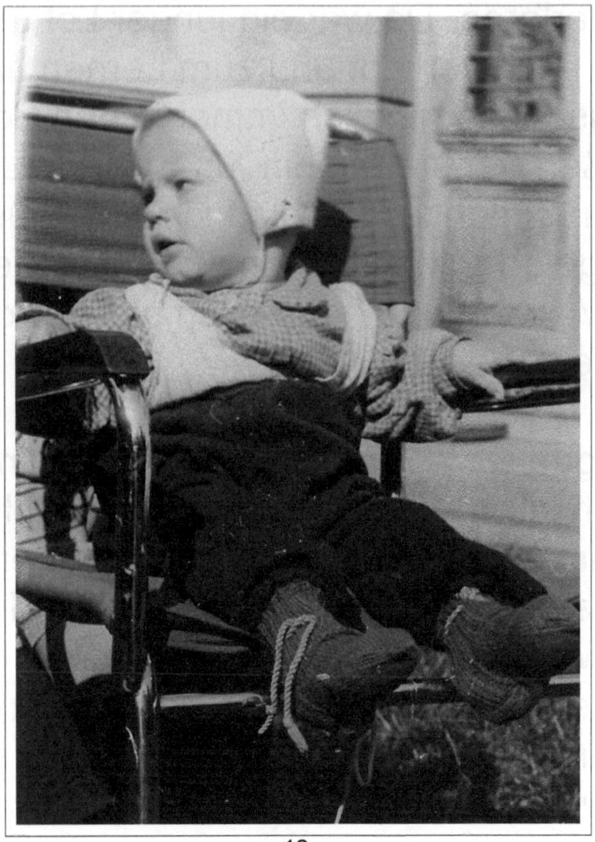

Mama sagte zu mir: "Maria, du musst lernen im Leben alleine zurecht zu kommen. Ich werde nicht immer leben, du wirst in einem Heim bleiben müssen und im Heim selbstständig sein.“ Das waren harte Worte und manchmal wollte ich sie nicht hören. Ich musste auch in den Ferien bei der Hausarbeit mithelfen. Und so entschieden wir uns für einen Schulwechsel.

Ich würde normal vom Bus abgeholt werden, bis mein Vater ein Auto besaß und mich in die Schule bringen konnte. Nachmittags fuhr ich von der Schule mit dem Bus zum Bahnhof und meine Mutter holte mich ab. Wenn ich nachdenke, war es eine gute Entscheidung. Dann begann für mich eine der schönsten Zeiten in meinem Leben.

Kritzendorf

Mein Heimatort war in Kritzendorf, Bezirk Klosterneuburg. Wir wohnten in einer Villa in der Klinggasse 10. Die erste Gasse rechts. Am Anfang der Gasse steht ein Marterl. Die Klinggasse kreuzte sich mit der Bahngasse und führte zum Bahnhof. Dieser Ort hatte sich so lang hingezogen, dass es zwei Bahnhöfe gibt: Den ersten Bahnhof nannten wir Unterkritzendorf, da wohnten wir. Den zweiten Bahnhof nannten wir Oberkritzendorf. Von Klosterneuburg fährt ein Bus bis Höflein. Ich habe im Internet recherchiert, dass ganz früher Klosterneuburg zu Wien gehörte und der 26. Bezirk war. 1945 wurde Klosterneuburg selbstständig und gehört nun zu Niederösterreich. Es gab auch nur einen Bahnhof.

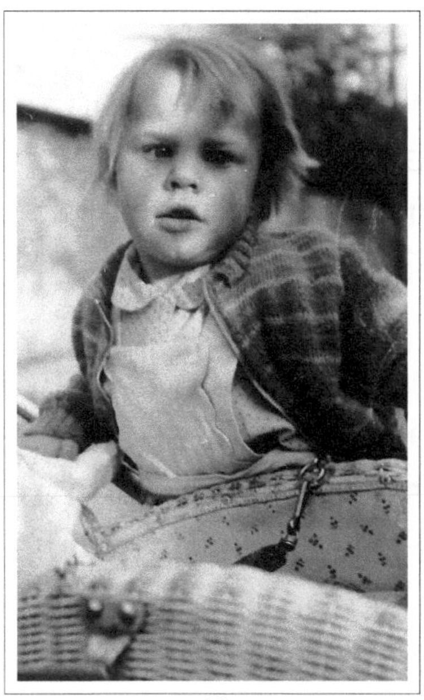

Dann ist Kritzendorf wegen der Sommergäste größer und populärer geworden und deshalb der zweite Bahnhof. Ich denke, dadurch sind auch die vielen schönen Villen entstanden. In Kritzendorf waren fünf Geschäfte zum Einkaufen und sogar ein Gasthaus (der Stiffer-Keller) und ganz früher gab es ein kleines Milchgeschäft und ein Kino. Fast jeden Sonntag sind meine Eltern und ich ins Kino gegangen.

Aber es gab ein Problem und das Problem war der Friedhof. Weil der Weg führt am Friedhof vorbei. Untertags ging ich schon ganz gerne auf den Friedhof um die Gräber zu besuchen. Doch bei Dunkelheit habe mich gefürchtet am Friedhof vorbei zu gehen. Obwohl meine Eltern immer dabei waren. Mir ist murlig worden. Mein Vater sagte mir, du brauchst vor den Toten keine Angst zu haben. Sie tun nichts mehr. Leider gab es nur einen Weg und der ging am Friedhof vorbei.

Mit der Zeit wurden das Kino und drei von den fünf Geschäften aufgelassen. Am Ende gab es nur mehr ein Geschäft und das war der Metzger. Als ich einmal zu Besuch war, sah ich dass es andere Artikel gab außer Wurst und Fleisch. Ob es den Bäcker noch gibt?

Es ist schon sehr lange her, dass ich in Kritzendorf war. Früher habe ich einmal im Jahr die Nachbarin besucht. Seit ich nicht mehr alleine gehen kann, komme ich nicht mehr nach Kritzendorf. Meine Freundin und ihr Mann hatten ein Friseurgeschäft. Die beiden sind etwas älter als ich. Vielleicht sind sie schon in Pension gegangen. Oder es hat wer anderer übernommen. Wo früher der Holzhändler war, ist jetzt ein großes Textilgeschäft (Müller). Zuletzt ist ein Supermarkt errichtet worden. Das ist alles geschehen nach meiner Zeit.

Meine schwierige Zeit

Im Frühjahr waren meine Elten und ich in Cortina d´Ampezzo ein paar Tage auf Urlaub gefahren. Meine Mutter bekam ganz leichte Schmerzen. Im Spätsommer fuhren wir nach Traunkirchen. Es war der letzte Urlaub für meine Mutter. Die Schmerzen wurden immer stärker und sie ging zum Arzt. Der Arzt schickte sie ins Spital. Dort wurde festgestellt, sie hatte Lymphknotenkrebs. Eigentlich sollte sie gleich im Spital bleiben. Doch meine Mutter erklärte den Ärzten, dass sie eine behinderte Tochter hat und sie müsste sich zuerst mit meinem Vater besprechen.

Sie übergab uns den ganzen Haushalt und teilte uns auch ein. Mein Vater wurde für Einkaufen, Kochen und Wäschewaschen zuständig. Ich musste die Wäsche zusammenlegen, staubsaugen und die Küche aufwaschen. Das war auch schon vorher meine Arbeit und ist heute noch meine zweitliebste Arbeit. Kurz vor Weihnachten ging sie ins Krankenhaus und bekam die erste Chemotherapie. Die erste Therapie schlug gut an und sie durfte zu den Weihnachtsfeiertagen ein paar Tage nach Hause. Den Heiligen Abend verbrachten mein Vater und ich bei einem Arbeitskollegen von Vater. Ich kannte ihn von Vaters Büro. Gottfried, so hieß er. Wenn mein Vater keine Zeit hatte, holte mich Gottfried von der Werkstatt ab.

Weil Rosi mir immer alle meine Freunde ausgespannt hatte, legten meine Mutter und ich die Rosi hinein. An einem Nachmittag sollte mein Vater mich wieder abholen. Stattdessen kam meine Mutter in die Gruppe und sagt zu der Betreuerin: "Die Maria wird von ihrem Freund Gottfried abgeholt." Ich war auch sehr überrascht darüber und dachte mir: "Seit wann ist Gottfried mein Freund?"

Seine erste Freundin war aus Hallstatt. An einem Wochenende fuhren wir mit Gottfried und seiner Freundin nach Hallstatt, um ihre Eltern zu besuchen. Am Nachmittag sind wir mit der Seilbahn auf einen Berg hinaufgefahren und am Abend sind wir noch in die Disco gegangen.

Doch in der Disco war nichts los und deswegen gingen wir wieder nach Hause. Gottfried und seine Freundin haben sich getrennt. Dann wohnte er mit seiner zweiten Freundin im 16. Bezirk. Wir waren auch dort sehr oft auf Besuch. Auch an diesen Heiligabenden, als mein Vater und ich alleine waren, hatten uns Gottfried und seine Frau zu sich eingeladen. Nach dem Mittagessen besuchten mein Vater und ich meine Mutter im Krankenhaus. Wenn es ihr besser ging, durfte sie für ein paar Tage nach Hause. Mein Vater nahm sich Pflegeurlaub und ich blieb von der Werkstatt zuhause. Manchesmal blieb ich mit ihr alleine. Ich bin dann an ihrem Bett gesessen oder wir kuschelten uns zusammen. Eines Tages ging ihr so gut, dass wir einen Ausflug machten. Wir schöpften wieder Hoffnung. Zu meinen 35. Geburtstag hat sie mir noch meinen Lieblingskuchen gebacken. Mit Tante und Onkel feierten wir meinen Geburtstag. Am nächsten Tag gab mir meine Mutter viel Geld mit und sagte: "Martha soll so lieb sein und mit dir und der ganze Gruppe ins Kaffeehaus gehen. Um deinen Geburtstag nachzufeiern." Das war mein letzter Geburtstag zuhause. Meiner Mutter ging es dann wieder schlechter und sie wurde auch sehr mager. Durch die Chemotherapie fielen ihr auch die Haare aus. Zu Ostern war meine Mutter das letzte Mal bei uns. Am Ostersonntag bekam sie hohes Fieber und wir mussten die Rettung holen. Zum Abschied fragte ich sie, ob sie wiederkommt. Sie sagte ja.

Bevor der Muttertag kam, mussten wir sie begraben.

Obwohl mein Vater sich um mich sehr bemühte, ist meine Mutter schon sehr abgegangen. Keiner hatte mich so gut verstanden wie sie. Ich habe mich keinem anvertraut und getraut zu fragen, ob ich was darf oder nicht, damit habe ich mir schwergetan. Weinen habe ich auch nicht dürfen. Es begann für mich eine schlimme Zeit.

Zum Glück durfte ich in dem Jahr, als meine Mutter gestorben war, bei der Urlaubsaktion teilnehmen. Sonst hätte ich in eine andere Gruppe gehen müssen und zur der Betreuerin Anna wollte ich schon gar nicht. Sie war wie ein rotes Tuch für mich. Immer hatte sie etwas auszusetzen. Über meinen Vater und über mich. Einmal habe ich dem Rudi einen Zettel zugeworfen. Rudi hatte ihn aufgefangen und in die Hosentasche gesteckt. Anna hatte es gesehen und rannte ihm nach. Zum Schluss zog sie ihm den Zettel aus der Hosentasche. Ich erzählte es meinen Eltern. Daraufhin kam meine Mutter am nächste Tag in die Werkstatt und fragte die Betreuer, ob alles in Ordnung sei.

In den letzten Jahren durfte ich bei der Urlaubsaktion nicht teilnehmen. Nur weil ich mit dem Gehen Schwierigkeiten habe und einen Rollstuhl habe, wollte mich die Betreuerin nicht mitnehmen. Sie hatte gemeint, ich müsste in eine andere Gruppe gehen. Ich antwortete: "Entweder ich darf mit euch mitfahren, oder ich bleib zuhause." Daraufhin durfte ich zuhause bleiben. Wegen des Todes meiner Mutter sagte Martha zu meinem Vater: "Heuer nehme ich die Maria mit nach Prein, es wird für die Maria eine Abwechslung und ihr gut tun. Vielleicht ist es für Sie, Herr Fasching, auch eine Erleichterung, wenn die Maria ein paar Tage mit uns fährt." Mein Vater musste außer seinem Beruf noch mich betreuen, und dazu den ganzen Haushalt führen. Es war für ihn schon eine große Belastung.

Meine Eltern hatte noch in Eichgraben den großem Garten. Der Garten musste auch gepflegt werden. Ich wollte meinem Vater behilflich sein, aber wegen meiner Behinderung konnte ich es nicht. So musste ich zusehen, wie er sich abrackert. Das hat mich traurig gestimmt.

In der Prein habe ich mich ein wenig erholt und habe mich abgelenkt. Wir gingen jeden Tag spazieren und am letzten Abend in die Disco. Nach eine Woche Preinaufenthalt fuhren wir wieder heim. Es holten mich mein Vater, meine Tante und der Onkel ab. Ich habe mich sehr gefreut, die drei zu sehen. Meine Tante war die Schwester von meiner Mutter. Aber die beiden haben sich nicht richtig verstanden. Sie hatten eine Stiefmutter und wurden unter schwierigen Umständen erzogen. Ihre Mutter starb bei der Geburt von meiner Tante Maril. Weil die Tante erst wenige Wochen alt war, hatte ihre Stiefmutter sie am liebsten. Meine Mutter musste immer dafür geradestehen, was Maril verbockt hat. So blieb es ein ganzes Leben lang. Eigentlich wollte meine Mutter nicht, dass meine Tante erfährt, dass sie so krank war und bald sterben wird. Eines Tages tauchte eine ferne Verwandte auf. Niemand hatte gewusst, wo sie so plötzlich herkam und wer sie überhaupt war. Von wo wusste sie eigentlich von der Krankheit meiner Mutter? Das war uns ein Rätsel. Seitdem besuchte meine Tante meine Mutter und gleichzeitig kümmerte sie sich um uns. Sie kochte und backte für uns. Einmal in der Woche wurde ich von ihr gebadet.

Schon wenige Wochen nach dem Tod meiner Mutter ging mein Vater eine Beziehung ein. Sie war die Freundin meiner Mutter und er kannte sie von früher. Meine Mutter arbeitete als junges Mädchen als Dienstmädchen in Laa an der Thaya und Rosi wohnte mit ihren Eltern in Laa. So lernten die beiden Frauen sich kennen. Ich kannte sie schon als kleines Kind und ich habe sie damals all so gerne nicht gemocht. Vielleicht habe ich es schon damals gefühlt, dass Rosi, so heißt sie, es auf meinen Vater abgesehen hatte. Mir war es viel zu früh, dass mein Vater, gleich nach Tod meiner Mutter, mit der Rosi eine Beziehung eingegangen ist.

Viele Wochen verbrachte ich in Stronsdorf bei meiner Tante Maril. Obwohl ich bei meinem Vater und bei seiner Freundin leben konnte, zog ich lieber vor, bei meiner Tante zu bleiben. Nur ab und zu verbrachte ich Zeit bei meinem Vater und bei seiner Freundin. Manchesmal nahm sie ihre Enkelkinder mit zu uns. Oder wir verbrachten einige Zeit in Laa. Rosi hatte noch ihr Elternhaus und wir konnten dort wohnen. Die Enkelkinder von der Rosi waren sehr lieb und ihre Tochter ist im Laufe der Jahre wie eine Schwester geworden.

Immer wieder habe ich Heimweh bekommen nach meiner vertrauten Umgebung und nach meiner kleinen Hütte in Eichgraben. Das haben die beiden nicht verstanden. Überhaupt bin ich oft wie ein kleines Kind behandelt worden und es wurde mir alles verboten. Wenn ich es nicht bei ihnen ausgehalten habe, fuhr ich nach Stronsdorf zu meiner Tante. Mit dem Onkel, dem Mann von der Tante, habe ich mich am besten verstanden. Jeden Sonntag, schon am Vormittag, kam mein Cousin, der Helmut, und kochte für uns. Ich freute mich schon die ganze Woche auf ihn. Auch mit meiner Cousine verstand ich mich sehr gut.

So verging der Sommer und im Spätherbst ging ich wieder in meine alte Werkstatt und konnte eine Zeitlang daheim bei meinem Vater verbringen. Im Dezember bin ich als Gastmieter ins Wohnheim Hochstr. gekommen. Zufällig kam ich in das Zimmer wo die Erika war. Erika kannte ich von der Tagestätte. Sie war in der zweier Gruppe im ersten Stock. Leider war Erika taub und konnte nur wenige Worte sprechen. Sie konnte etwas lesen und schreiben. Die Betreuer haben ihr alles aufgeschrieben. Mit der Zeit konnte auch ich mich mit ihr verständigen und sie wurde meine beste Freundin.

Außer der Erika kannte ich noch ein paar andere Klienten von der Werkstatt: Traude, Hans, und Gunter. Im Wohnheim war im Erdgeschoß eine Werkstatt für Klienten, die nicht außerhalb des Heimes arbeiten können. Die Betreuer waren sehr nett und die Arbeit war fast die gleiche wie in der Kuefsteing.. Leider durfte ich nur ein paar Wochen im Heim verbringen.

Kurz vor Weihnachten holte mein Vater mich wieder ab und es ging nach Hallein. Rosi hatte in Hallein ihren Wohnsitz und wir verbrachten die ganzen Weihnachten bei ihr. Den Heiligen Abend verbrachten wir mit der Tochter Renate, Schwiegersohn Peter und den Enkelkindern Sandra und Mario. Im Jänner war es soweit: Ich könnte endlich ins Wohnheim Rodaun einziehen.

Großmutter

Die Großmutter war eigentlich die Großmutter meines Vaters. Als er noch ein Kind war, wurde er von ihr aufgezogen. Seine Eltern gingen beide arbeiten und hatten für ihn nicht viel Zeit. Für mich war sie die Uroma und sie hatte immer Zeit. Oma spielte mit mir oder sie erzählte mir Geschichten. Oma wohnte in Nussdorf mit dem Großonkel und mit dessen Frau. Wenn Mama Besorgungen machen musste, durfte ich immer zu ihnen kommen und ich war sehr gerne bei ihnen. Onkel Hans war sehr lustig und wir spielten der Oma so manchen Streich. Er war Maler und malte Bilder. Von ihm habe ich auch Malen gelernt.

Einmal sind meine Eltern ein paar Tage auf Urlaub gefahren. Oma und ich verbrachten die Tage am Ölberg in Klosterneuburg. Mein zweiter Großonkel hatte dort ein Haus und die Oma verbrachte dort viel Zeit. Als mein Vater ganz jung war wohnte er eine zeitlang bei ihnen.

Zurück zu mir. Beim Haus war ein Garten mit ein paar Hühnern und einem großen Schwimmbecken. Eines Tages entdeckte ich einen Holzhund. Er stand auf einem Holzbrett mit vier Rädern. Darauf stand Jimmi und war schwarzweiß und mein liebstes Spielzeug. Mit der Zeit verlor der Holzhund seine Räder. Ich versuchte, von den Milchflaschen die Kartondeckel als Räder zu verwenden. So verging der Sommer.

Unsere Katze meldete durch ihr Verhalten, dass Oma zu Besuch kam. Obwohl sie erst auf dem Weg war. Die Katze wurde unruhig und lief davon. Weil Katzen haben ein feines Gefühl. Vielleicht hatte sie Angst vor der Oma. Wir vermuten, dass die Katze etwas von ihrem Essen gestohlen hatte und Oma hatte geschimpft oder sie vielleicht geschlagen. Katzen merken sich das.

Oma erlebte meine Schulzeit und dann noch, als ich schon in die Werkstatt gekommen bin. Sie wurde sehr alt und war immer gesund. Sie kam dann nach Lainz, ins Altersheim und starb im 96. Lebensjahr.

Der Tod meines Vaters

Mein Vater verstarb im 91. Lebensjahr.

Er hatte ein erfolgreiches Leben. Von Beruf war er Steinmetz. Zuerst lernte er Bildhauer. Doch diesen Beruf hat er nicht ausgeübt. Mein Vater war ein begeisterter Bergsteiger und ging auch gerne wandern. Seine Hobbies waren Basteln und der Garten.

Wir hatten in Eichgraben einen Garten und er baute ein kleines Häuschen. Dazu pflanzte er einen Alpengarten. Ich bekam von meinem Großvater seine Bauhütte. Mein Großvater wohnte in Perchtoldsdorf bei Wien. Mein Vater ließ es mit einem Lastwagen nach Eichgraben bringen. Zuerst machte er ein Fundament und stellte die Hütte darauf. Mein Vater und ich haben die Hütte mit alten Möbeln eingerichtet. Die Wände waren mit Spanplatten ausgelegt und tapeziert. Vorher hatte mein Vater den Boden verlegt. Zum Schluss kamen die Vorhänge. Mit der Zeit hatte ich selber Tischtücher, Deckchen und Polster gestickt. Ich habe auch mir selber einen Teppich geknüpft. Sogar Strom hatte ich und dadurch hatte ich Licht. Weil mein Vater legte ein Stromkabel von seinem Haus bis zur Hütte. Wenn wir nach Hause fuhren, wurde das Kabel herausgesteckt und über den Winter ganz weggegeben. In der Hütte sah es aus wie im einem Zimmer und ich fühlte mich wohl. Überhaupt erfüllte er jeden Wunsch und wir waren ein gutes Team.

Manchmal gab es Zeiten, da verstand ich mich mit meinen Vater besser als mit meiner Mutter. Mama war strenger als der Papa und manchmal hat sie mich behandelt wie ein kleines Kind. Ich erinnere mich, wie meine Mutter schwer krank geworden ist. In dieser Zeit kümmerte sich mein Vater sehr um mich. Obwohl ich meine Mutter schon sehr vermisst habe, war die Zeit, die ich mit meinen Vater verbrachte, eine innige und schöne Zeit.

Als meine Mutter gestorben war, veränderte sich mein Vater, er wurde strenger und fing zu Trinken an. Mir gefiel das überhaupt nicht und er wurde mir fremd. Was mich damals störte war, dass er nach dem Tod meiner Mutter gleich mit der Rosi zusammen war. Ich hätte ihn gerne eine Zeitlang für mich gehabt, und Liebe und Verständnis gebraucht. So wie bei meiner Mutter. Mein Vater ließ mich mit der Trauer alleine. Trost fand ich in der Werkstatt, bei den Betreuerinnen Martha und Elfi.

Bis ich endlich in die Hochstr. ins Heim kam, verging ein dreiviertel Jahr. Die Zwischenzeit verbrachte ich bei meiner Tante in Stronsdorf. Doch ich hatte viel Heimweh und wollte in mein gewohntes Leben zurück. Es dauerte fast zehn Jahre, bis ich meine Trauer verarbeiten konnte. Bis ich in eine Wohngemeinschaft kam und das Glück hatte, in eine Wohnung mit Betreuung zu ziehen. Von da an begann mein eigenes Leben. Ich kannte schon meinen Lebensgefährten. Es ging wieder aufwärts.

Zweimal im Jahr bin ich zu meinem Vater gefahren. Ab und zu besuchte er mich auch. Mein 60. Geburtstag wurde in Wien groß gefeiert. Die ganze Familie von der Lebensgefährtin ist nach Wien gekommen. Obwohl es für die beiden älteren Menschen anstrengend war, sind sie doch mitgekommen. Mit der Zeit wurde unser Verhältnis wieder gut. Am meisten verstand ich mich mit der Tochter von der Lebensgefährtin meines Vaters. Das ist bis heute so geblieben. Es vergeht keine Woche, ohne dass wir uns per E-Mail schreiben. Manchesmal jeden Tag. Sie hat sich auch um meinen Vater gekümmert. Mir war es nicht möglich, wegen meiner Behinderung, meinen Vater selber zu pflegen. Ich hätte es gerne getan. Vielleicht hätten die beiden dann nicht ins Pflegeheim gehen müssen. Renate war berufstätig und konnte sich um die beiden nicht kümmern.

Ich habe mir das so gedacht: In meiner Pension wäre ich auch nach Hallein gezogen und hätte eine Wohnung oder ein kleines Häuschen mit Garten genommen. So wie mein Vater liebe ich die Berge. Mein

Vater und ich hatten viel Gemeinsames. Es hat nicht sollen sein. Meine Vermutung ist, meinem Vater hat es im Pflegeheim gar nicht gefallen und er ist seelisch zu Grunde gegangen. Am Anfang sind die beiden in unterschiedlichen Heimen untergebracht worden. Dann endlich sind sie zusammen in ein Heim gekommen. Doch gemeinsam ein Zimmer dürfen die beiden nicht haben. Ich fand es so arg. Dann hörte er zum Essen auf und er magerte bis auf Haut und Knochen ab. Zum Schluss ernährte er sich nur von Schokolade.

Meine Betreuer und ich hatten geplant, dass wir noch meinen Vater besuchen. Zu meinem Bedauern verstarb er wenige Tagen zuvor. Mir tut es heute noch sehr leid, dass ich nicht früher gefahren bin. Ein Jahr zuvor hatte mich mein Vater noch einmal besucht. Das war das letzte Mal, dass ich meinen Vater gesehen hatte. Am Mittwoch den 16. Oktober 2019 ist mein Vater für immer eingeschlafen. Acht Tage später fuhren ein Betreuer, Roland, und ich nach Hallein zum Begräbnis.

Mit dem Tod meines Vaters komme ich besser zurecht als bei meiner Mutter. Am Anfang war ich sehr traurig. Es vergeht kein Tag, dass ich an die Beiden nicht denke. Vielleicht liegt es daran, weil mein Vater und ich nicht immer zusammen waren. Ein jeder lebte sein eigenes Leben.

Arbeit, Wohnen

Tagesstätte

Mit siebzehn kam ich zu Jugend am Werk in der Kuefsteingasse 14. Bezirk. Eigentlich wollte ich in einem Büro oder als Gärtnerin arbeiten. Wegen meiner Behinderung konnte ich das nicht ausüben. Es gab früher keine geschützten Arbeitsplätze für Jugendliche mit Behinderung.

Ich lernte erst im Spastiker-Verband mit einer Schreibmaschine zu schreiben und mit einem Computer umzugehen. Mein Problem ist das Rechtschreiben. Das war schon in der Schule so. Doch in der Tagesstätte gefiel es mir und ich bekam mein erstes Taschengeld. Bald hatte ich Freunde und ich fühlte mich wohl. Die Arbeit machte mir sehr viel Spaß. Ab und zu konnte ich auch sticken. Weil Sticken war mein Hobby und ich habe sehr viel gestickt. Die ganze Verwandtschaft habe ich mit meinen Sticksachen beschickt.

Auch wenn es viel Arbeit war, half ich gerne mit. Wir machten Industriearbeit. Zum Beispiel für die Kleinbahn Teile sortieren, Perlen auffädeln, Lockenwickler und Gummiringe in ein Säckchen geben. Zum Schluss habe ich noch Knüpfen gelernt. Frauen und Männer waren getrennt. Trotzdem waren wir Frauen mit den Männern befreundet. Manchesmal haben das die Betreuer nicht gerne gesehen und haben mit uns geschimpft. Franz nahm es mit der Treue nicht so genau. Er wechselte seine Freundinnen wie die Unterwäsche. Einmal hatte er Traude und dann wieder die Rosi. Auch die Barbara und ich sind auf ihn reingefallen und so gab es manchen Streit unter uns Mädchen. Natürlich hat er von den Betreuern eine Ermahnung bekommen. Aber es hat bei ihm nicht viel genützt. Heute denke ich nach, warum wir Mädchen auf ihn gestanden sind. Franz war ungepflegt und fesch war er auch nicht. Aber er war sehr lieb, zärtlich, aufmerksam und hilfsbereit.

Meine Eltern erlaubten mir, ihn zu mir nach Hause einzuladen. Einige Sonntage kam er mit seinem Rad. Franz fuhr auch zur Arbeit mit dem Rad. Meine Mutter kochte für uns und bis zur Jause durfte er bleiben. Wir wohnten in Kritzendorf und er in Wien. Mir war damals nicht bewusst, was ich ihm zugemutet habe. Der Weg war für ihn zu weit und zu gefährlich. Es war schon dunkel und mein Vater hatte ihn heimgebracht. Meine Eltern waren immer sehr verständnisvoll, wenn es um Freunde und Liebe ging. Sie wussten auch von meiner großen Liebe zu meinem Lehrer. Dagegen die anderen Eltern, die haben kein Verständnis für Freundschaft zum anderen Geschlecht gehabt.

Ich bin der Meinung, Menschen mit Behinderung haben auch Gefühle und mir hat bis jetzt die Liebe gut getan. Natürlich gab es auch Liebeskummer und Entschuldigungen. Tagelang hatte ich nur geweint und habe ich mich wieder an meine große Liebe erinnert. Ich habe sie immer als Reserve behalten. Denn mein Lehrer war viel mehr für mich als ein Lehrer. Er war auch ein wahrer Freund und er wusste von meinen Freunden. Ich habe ihm immer alles erzählt.

Da gab es den Rudi. Seine Großmutter brachte und holte ihn von der Werkstatt ab. Rudi sah ein bisschen dem Elvis ähnlich und heute noch höre ich seine Lieder gerne an. Nachmittags wartete die Großmutter auf Rudi und ich auf meinen Vater. Weil mein Vater arbeitete in der Herbststr. und es war nicht weit bis zu der Kuefsteing.. Es kam vor, dass ich auf ihn warten musste und so warteten wir gemeinsam, die Großmutter und ich. Mit der Zeit wurden Rudi und ich Freunde. Seine Großmutter war eine sehr liebe Frau. Auch meine Mutter und sie verstanden sich sehr gut. Ab und zu lud meine Mutter die beiden zu uns ein. Mein Vater holte die Großmutter und Rudi ab. Am Nachmittag brachte er sie wieder nach Hause. Eines Wintertags mit Eis und Schnee fuhr Rudis Großmutter mit Rudi in die Werkstätte. Auf dem Weg dorthin stürzte sie und brach sich den Oberschenkel. Nach vielen Wochen, nach langen Krankenhausaufenthalten, starb Rudis Großmutter. Seine Mutter war ganz anders als die Großmutter. Sie verbot uns, dass wir Freunde sind. Sie selber hatte einen Freund, aber uns hat sie es verboten. Ich habe mich damals so geärgert über diese arrogante Frau. Nur weil wir behindert sind, dürfen wir keine Beziehung eingehen?

Es gab auch eine Betreuerin, die betreute viele Jahre eine Männergruppe. Weil sie eines Tages einen Schlaganfall hatte, durfte sie die Männergruppe nicht mehr betreuen. Sie musste dann uns Frauen übernehmen. Das war für mich ein Vorteil und für die anderen auch. Martha, so hieß unsere Betreuerin. Sie hat uns viel beigebracht. Überhaupt mir, ich habe sticken und knüpfen gelernt. Martha war auch für mich da, bei meiner schwierigsten Zeit, als meine Mutter schwer krank wurde und starb. Sie ging mit uns viel spazieren oder wir hörten den ganzen Tag Musik. Zum Faschingsfest schneiderte sie uns die schönsten Kostüme aus Krepppapier. Wir waren immer die schönste Gruppe vom ganzen Haus. Den ganzen Tag haben wir gefeiert.

Im Laufe der Jahre wurde die Urlaubsaktion eingeführt. Die ersten Jahre ging es nach Innermanzing in Niederösterreich. Da durfte ich immer mitfahren und mir hatte es immer gut gefallen. Wir verbrachten den Urlaub von Montag bis Montag. Das Essen war sehr gut und wir gingen fast jeden Tag spazieren. Nach dem Essen mussten wir uns ausruhen. Rosi hatte ihren Kassettenrecorder mitgenommen und bei Regenwetter spielte sie für uns unsere Lieblingslieder. Es war ein Schloss und wurde als Wohnheim für Menschen mit besonderen Bedürfnissen umgebaut. Es gibt dort einen großen Garten mit einem Schwimmbecken. Der Wald ist gleich hinter dem Haus. Dadurch gingen wir am liebsten im Wald spazieren. Früher gab es ein Gehege mit einem Reh und einen Stall mit Schweinen und Hühnern. Ganz zum Anfang war noch Platz für Urlaubsgäste. Immer zwei Gruppen konnten eine Woche zwischen Frühjahr und Herbst in diesem Heim verbringen. Aber dann haben die Bewohner den Platz für sich selber gebraucht und die Werkstätten mussten sich dann für die Urlaubsaktion um etwas anderes umsehen.

Als meine Mutter krank geworden war und starb, entschloss ich mich für Innermanzing, doch sie hatten damals keinen Platz für mich gehabt. Eigentlich bin ich heute sehr froh und sehr glücklich darüber. Dadurch entstanden viele Möglichkeiten für mich und ich bin dem Schicksal sehr dankbar.

Der Spastiker-Verband

(ÖVSE - Österreichischer Verband für Spastiker-Eingliederung)

Vor ca. 30 Jahren bin ich zum Spastiker-Verband gekommen. Am Anfang war es eine kleine Gruppe in der Kreindlg. Wien 19. Ich ging damals ganz gerne in die Gruppe und fühlte mich auch wohl. Ein paar Klienten schliefen dort und ein paar Klienten fuhren mit dem Fahrtendienst in die Kreindlg. und wieder nach Hause. So auch ich. Ich musste sehr früh aufstehen. Weil der Fahrtendienst schon um sieben kam, musste ich mein Frühstück selber machen. Am Abend besorgten die Betreuer ein Gebäck von der Küche und in der Früh half mir meine Zimmerkollegin beim Kaffeezubereiten. Damals wohnte ich noch in der Hochstr. im Wohnheim. Dann wurde das Heim baufällig und wir mussten vom Heim ausziehen. Ich habe erst damals vor ein paar Monaten im ÖVSE angefangen und konnte nicht schon wieder aufhören. Außerdem habe ich viel dazugelernt. Zum Beispiel das Maschineschreiben, dadurch konnte ich die Rechtschreibung verbessern und so entschloss ich mich, in eine Wohngemeinschaft zu gehen. Zum Glück war ein Platz frei und ich konnte weiterhin in den ÖVSE gehen.

Am liebsten war mir der Unterricht mit der Cordula. Sie kam dreimal in der Woche am Nachmittag zum Einzelunterricht. Dadurch lernte ich mit einer Schreibmaschine umzugehen. Das war eine große Erleichterung für mich. Mit der Zeit wurde mir das Schreiben mit der Hand immer schwieriger und dann unmöglich. Die Gruppe in der Kreindlg. wurde mit der Zeit immer größer und deswegen mussten wir von der Kreindlg. in die Kirchstetterng. umziehen. Das Haus gehörte dem Bäcker "Mann" und wurde an den Spastiker-Verband vermietet. Ich kann mich heute noch an den ersten Tag erinnern, als ich mit dem Fahrtendienst in der Kirchstetterng. angekommen bin und das große Zimmer sah. Ganz am Anfang war noch die große Tür und das Fenster zum Eingang. Ein runder weißer Tisch mit Sessel und ein Klavier. Wo heute die Durchreiche zur Küche ist, stand ein Kamin. Oberhalb des Kamins hing ein altes Gemälde.

Mit dem Umbau des Hauses verschwand alles. Das Haus musste zuerst behindertengerecht umgebaut werden. Wegen der drei Stockwerke. Am Anfang sollten die drei Stockwerke auch für Rollstuhlfahrer erreichbar sein und deswegen wurde ein Aufzug eingebaut und auch die Toiletten sind umgebaut worden. Während der Zeit, als der Umbau stattfand, zogen wir in die Auhofstr. in die Englische Botschaft, in eine alte Villa mit Garten. Nach einem dreiviertel Jahr konnten wir wieder zurück in die Kirchstetterng. Mit der Zeit wurden vier Gruppen errichtet. Im ersten Stock kamen die jüngeren Klienten und im Erdgeschoss die reiferen Klienten. Montags war die Bewegungsrunde und ab und zu gingen wir in die Stadthalle schwimmen. Der Dienstag war mein liebster Tag der Woche, da gab es Unterricht und ich konnte meine Rechtschreib- und Rechenkenntnisse etwas aufbessern. Dann kam die Zeit mit dem Computer und ich hatte wieder sehr viel Spaß am Schreiben. Ich lernte auch mit einem Computer umzugehen. Dadurch ging es mir wieder besser. Zweimal im Jahr ist die Zeitung Kunterbunt erschienen. Die Geschichten für die Zeitung zu schreiben, war und ist noch immer die schönste Arbeit. Eine Zeitlang habe ich für das ganze Haus den Speiseplan geschrieben und für einen Klienten, Sabine. Sabine hatte sehr viel zugenommen und ihre Mutter wollte wissen, was es zu Mittag zu essen gibt. Jeden Freitag schrieb ich für die Sabine den Speiseplan. Zuletzt habe ich ein paar Worte für die Mutter geschrieben. Manchmal habe ich eine Zeichnung mitgeschickt. Als Belohnung durfte ich mit Sabine in die Stadthalle zu einem Musical, ich glaube es hieß Night Fever.

Warum ich damals aufgehört habe, der Daniela den Speiseplan zu schreiben, kann ich mich heute nicht mehr erinnern. Vielleicht habe ich gesagt, dass es mir zuviel ist und dass es vielleicht wer anderer übernehmen sollte.

Im Herbst begann das neue Arbeitsjahr und deswegen sind die Programme geändert worden. Manche alten Programme haben mir ganz gut gefallen. Zum Beispiel am Dienstag Handarbeitsgruppe. Meine Lieblingbeschäftigung war immer schon die Handarbeit und deswegen bin ich so gerne in die Handarbeitsgruppe gegangen. Ich hatte die Möglichkeit mit der Nähmaschine umzugehen. Silvia, die Betreuerin hat die Nähmaschine sehr langsam gestellt, damit ich mühelos mit der Nähmaschine ein wenig umgehen lernte. Da war ein Nadelschutz. Am Anfang musste ich mit einem hellen Stoff dem dunklen Bleistift nachnähen, bis ich ein paar Sachen nähen durfte. Die Nähte wurde nie gerade wie es sein sollte, aber für mich war es ein schönes Erlebnis. Silvia wurde schwanger und durfte uns nicht mehr betreuen. Dann wurde die Handarbeitsgruppe von der Sabine übernommen und von dieser Zeit an durften wir auch nicht mehr alleine im zweiten Stock sein. Wegen des Brandschutzes, es könnte sein, dass irgendwann ein Brand ausbricht. Darum dürfen Behinderte nicht alleine in den zweiten Stock. Es könnte sein, dass wir nicht gerettet werden können. Ich habe es eingesehen, aber trotzdem fühlte ich mich in meiner Selbstständigkeit sehr eingeschränkt. Mit der Sekretärin habe ich mich sehr gut verstanden und ich ging ganz gerne zum Plaudern oder ich habe die Anwesenheitsliste hinaufgetragen. Ich hätte schon weiterhin in den zweiten Stock gehen können, aber nur in

Begleitung mit einem Zivildiener oder mit einem Betreuer. Das hatte mir überhaupt nicht gefallen und deswegen habe ich das die Anwesenheitsliste-ins-Büro-tragen dem Ernst überlassen.

Die Handarbeitsgruppe wurde ins Erdgeschoss in die Werkstatt verlegt. In der Werkstatt stand ein großer Webstuhl und ich durfte weben. Das Weben habe ich als Kind von meinem Vater gelernt. Mein Vater bastelte mir einen kleine Webstuhl und darauf habe ich gewebt. Mit dem großen Webstuhl konnte ich größere Stücke weben. Dann wurden die Stücke zu Taschen verarbeitet. Ab und zu habe ich Lavendelsäckchen bestickt. Die Taschen und Säckchen wurde beim Weihnachtsmarkt oder beim Ostermarkt verkauft. Manchesmal durfte ich mit der Nähmaschine nähen.
Früher waren Dienstag und Donnerstag die Tauschtage, jeden Mittwoch war am Nachmittag Kaffeehaus und einmal im Monat war Kaffeehaus für die Angehörigen und Freunde. Doch mit der Zeit haben die Betreuer beschlossen, nur mehr einmal im Monat das Kaffeehaus stattfinden zu lassen. Ich wollte auf einmal die Tauschtage nicht mehr mitmachen, sondern die ganze Woche in der Gruppe bleiben und nur die Programme machen welche die Gruppe anbietet.

Ab 50, 55 habe ich schon bemerkt dass ich schneller ermüdete und manchmal keine Lust hatte, etwas zu tun. Mir wurde es auch in der Gruppe zu laut und ich wurde auch sensibel. Ich fing an, gleich beleidigt zu werden. Ab und zu hatte ich ein schlechtes Gewissen gegenüber den Anderen, wenn ich nichts tat. Obwohl die Betreuer immer wieder zu mir sagten: "Wenn du keine Lust hast zum Arbeiten, dann ruhe dich aus." Dazu bekam ich ständig Schmerzen hinten beim Oberschenkel und mir war unerklärlich schlecht. Ich war auch ständig schlecht gelaunt und manchmal hatten meine Kollegen und auch die Betreuer meine schlechte Laune ertragen müssen. Das habe ich auf keinen Fall gewollt. Darum habe ich gedacht, irgendetwas muss ich ändern.

Mir hatte es im ÖVSE nicht mehr gefallen. Und außerdem hatte ich das Gefühl, wegen unserer Behinderung wie kleine Kinder behandelt zu werden und keine Entscheidungen treffen zu dürfen. Ständig wurden wir beobachtet und wir durften nicht mehr alleine im Hof auf den Fahrtendienst warten. Da gab es viele Besprechungen zwischen den Betreuern und mir, aber ich hatte das Gefühl, es bringt nicht viel. Die

Betreuer achten sehr darauf, dass ich in meiner Selbstständigkeit nicht eingeschränkt werde. Aber immer wieder kamen neue Zivildiener oder Praktikanten und am Anfang wussten sie nicht, wie ich behandelt werden will. Von wo sollen sie das auch wissen, ich habe mit dem Gehen und Sprechen Schwierigkeiten.

Im Sommer 2019 entschloss ich mich, in Pension zu gehen. Ich schreibe noch immer für die Zeitung Kunterbunt. Die letzte Geschichte "Krieg mit einem Unbekannten" ist ein voller Erfolg und ist sogar auf Facebook zu lesen. Ab und zu besuche ich den ÖVSE.

Wohnheim Rodaun

Es war ein grauer und kalter Wintertag als mein Vater und seine Lebensgefährtin mich ins Wohnheim brachten. Eine Betreuerin nahm mich in Empfang. Sie hieß Eva Maria und brachte mich ins Zimmer und dann in die Werkstatt zum Herrn Roch. Gleich am ersten Tag lernte ich den Willi kennen. Nur ganz kurze Zeit hielt unsere Freundschaft. Dann ging er nach Tirol zu seiner Mutter.

Inzwischen machten es sich Erika und ich sehr gemütlich in unserem Zimmer. Erich, ein Betreuer, nahm das dritte Bett aus dem Zimmer und stellte uns zwei Sessel und einen Tisch ins Zimmer. Ich hatte noch ein paar Handarbeitssachen von Zuhause und wir haben alles verwendet. Zuletzt haben wir Blumen auf das Fensterbrett gestellt. Es war bald das schönste Zimmer der ganze Gruppe. Es wäre alles perfekt gewesen, wenn eine Klientin nicht versucht hätte, die ganze Gruppe in Schach zu halten. Weil ich neu war, sagte sie zu mir, ich könnte ihr nichts recht machen. Alle mussten nach ihrer Pfeife tanzen. Die Betreuer haben fast nichts unternommen. Nur eine Betreuerin hat sie aus der Gruppe verwiesen. Erst in Prein gelang es ihnen, dass sie die Gruppe wechselt.

Aber bis dahin ist viel geschehen. Ich lernte meinen Lebensgefährten kennen. Wir sind fast über 30 Jahre zusammen und immer noch sehr glücklich. Dieses Glück habe ich mir erkämpfen müssen. Heute weiß ich, dieser Kampf war es wert. Jeden Tag ging ich in die Werkstatt um zu arbeiten und so auch der Pepi. Warum der Pepi in dieser Werkstatt war, weiß ich nicht so genau. Es gibt in der Elisenstr. auch eine Werkstatt. Von der Hochstr. aus ist die Elisenstr. zu Fuß zu erreichen. Pepi wäre eigentlich gut zu Fuß. Doch er blieb lieber im Haus in der Werkstatt. Ich vermute, die Werkstatt im Haus war gedacht für Klienten, die wegen ihrer Behinderung nicht außer Haus gehen können oder nicht wollen. Mir hat es sehr gut gefallen und ich habe mich gut erholt.

Außer dem Pepi gab es noch ein paar, mit denen ich mich auch angefreundet habe. Wie Pepi und meine Freundschaft anfing, das war so: Von der Werkstatt aus machten wir eine Urlaubsaktion in die Steiermark. Jeden Abend gab es eine Disco. Gleich am ersten Abend saß Pepi an dem Tisch und ich fragte ihn, ob er mit mir tanzen wollte. Er willigte gleich ein. Von da an begann unsere Freundschaft. Nach der Urlaubsaktion gingen wir wieder unserer Arbeit nach. Ich ging noch lieber in die Werkstatt als zuvor. Jeden Tag konnte ich den Pepi sehen. In der Pause saß ich mit Silke und Frank zusammen und wir tranken Kaffee. Es ging überhaupt sehr gemütlich zu. Von 8 Uhr in der Früh bis 15 Uhr 30 war Werkstattbetrieb, Vormittag war eine halbe Stunde Pause. Um 11 Uhr 30 gab es im Speisesaal ein gutes Mittagessen.

Dann war noch Zeit für einen kleinen Spaziergang. Es waren zwei große Gebäude mit einem langen Gang verbunden und um die Häuser war ein großer Garten. In dem ging ich gerne spazieren. Es waren sechs Gruppen und Pepi war in der Dreier Gruppe. Zu meinem Leid war ich in der Einser Gruppe. Abends durften Pepi und ich uns gegenseitig besuchen. Einmal hat er mich besucht, das andere Mal habe ich ihn besucht. Wenn ich ihn besuchte, musste ich durch den langen Gang gehen, um zu ihm zu kommen. Es wurde ziemlich spät und das Licht war schon ausgeschaltet, beim Zurückweg überkam mich manchesmal ein Schauer und ein wenig Angst kam auf. Ich war immer froh, wenn ich endlich in mein Zimmer kam. Auch das Dienstzimmer war schon geschlossen. Doch ich fühlte mich das erste Mal befreit und glücklich. Dadurch wurde ich mit 35 Jahren endlich erwachsen.

Natürlich braucht eine Behinderte mehr Unterstützung. Manchesmal kam mein Freund zu mir auf das Zimmer. Erika war so nett, und ließ uns alleine. Es ging eine Zeitlang gut. Doch eines Abends wollte ich meinen Freund besuchen. Als ich in seine Gruppe kam, benahm er sich etwas seltsam. Ich fragte seine Bezugsbetreuerin was er hatte. Sie gab mir zur Antwort, dass der Pepi viele Freundinnen hatte, aber die Beziehungen haben nicht lange gehalten.

Heute weiß ich warum. Den Pepi muss man nehmen, wie er ist. Er braucht seinen Freiraum und er will nicht eingeengt werden. Das habe ich mit der Zeit gelernt. Menschen, die man wirklich liebt, soll man so akzeptieren wie sie sind. Das wollte schon mein Lehrer mir beibringen. Er hatte zu mir immer gesagt: "Menschen sind kein Eigentum. Sie gehören sich selbst." Jetzt denke ich sehr oft daran.
Seine Betreuerin meinte, ich soll die Beziehung mit Pepi beenden. Heute weiß ich, warum sie das wollte. Pepi war nämlich ihr Liebling und darum duldete sie keine Freundin. Sie behauptete, dass ich ihn nur ausnützen würde und seinem zukünftigen Leben im Weg sein. Dazu behauptete sie, ich würde wegen meiner Behinderung für immer im Heim bleiben und würde nie ein selbständiges Leben führen können.

In dieser Nacht zog ich mich an und verließ das Heim. Ich wollte nur fort von allem. Leider war es zu spät, sodass keine Straßenbahn mehr fuhr. Notgedrungen ging ich ins Heim zurück. Eigentlich wollte ich zum Grab meiner Mutter, um Trost zu suchen und dann nach Kritzendorf zu den Nachbarn. Am nächsten Morgen im Speisesaal traf ich den Pepi und fragte, was gestern mit ihm los war. Er gab mir zur Antwort, dass seine Betreuerin gesagt hat, wir zwei passen nicht zusammen.

Man kann nicht bestimmen, wer mit wem zusammen passt. Und außerdem, Liebe kann man nicht verbieten. An diesem Tag ging ich auch nicht in die Werkstatt, sondern ich blieb im meinem Zimmer und verkroch mich in meinem Bett. Ich wollte ihn nicht mehr sehen. Dann dachte ich mir, ich werde ihnen allen schon zeigen, was in mir steckt und ich bin eine Kämpferin! Die meisten Wünsche sind bis jetzt fast immer in Erfüllung gegangen.

Ich vermied, wenn es ging, jeden Kontakt mit Pepi und obwohl es mir schwer fiel, ging ich ihm aus dem Weg. In der Zwischenzeit wechselte ich die Werkstatt und ich ging in die Kreindlg. in den 19. Bezirk. Nach ein paar Monaten hieß es, dass unser Bad umgebaut werden soll. Deswegen sind die Einser- und Zweier-Gruppe in der Prein. Nur ich musste ich in die Vierer-Gruppe. Weil ich erst in der neuen Werkstatt anfing, konnte ich nicht mit. Von meiner Geburt an bin ich Spastiker und deswegen sollte ich in den Spastiker-Verband gehen. Das meinten die Betreuer. Am Anfang war ich nicht sehr begeistert. Doch heute bin ich überaus dankbar und ich habe auch viel gelernt. In der anderen Gruppe hätte es mir auch nicht so gut gefallen.

Mir hatte meine Freundin Erika gefehlt. Sie war nämlich in der Prein. Ich kannte schon ein paar Klienten von der Vierer Gruppe und auch die Betreuer waren sehr nett. Nur eine Klientin war mir unsympathisch. Sie genoss es, die anderen zu ärgern und hat sich genommen, ohne zu fragen, was ihr gefiel. Es war spät am Abend und ich wollte schon schlafen. Da klopfte es andauernd an meiner Tür. Ich stand auf und schaute nach, wer draußen war. Es war Claudia und sie lachte unverschämt. Ich sagte zu ihr: "Hör auf, lass mich in Ruhe!" Aber sie klopfte immer wieder an meine Tür. Bis ich zornig wurde und nach den Betreuern suchte. Aber die Betreuer waren nicht anwesend. Danach ging ich hinunter in den ersten Stock und da habe die Betreuer angetroffen. Ich erzählte ihnen was geschah. Die Betreuer sind sofort mit mir in den zweiten Stock gegangen und suchten gleich Claudia auf. In der Zwischenzeit ist sie in ihrem Zimmer verschwunden und tat so, als ob nichts war. Doch die Betreuer stellten Claudia zur Rede. Am nächsten Tag kam Claudia wieder zu mir mit einer Dose Kaffee und entschuldigte sich bei mir. Claudia konnte auch sehr lieb sein und hilfsbereit. Ich habe ihr damals auch verziehen.

Eines Tages hieß es, wir müssen alle ausziehen, weil das Haus baufällig ist. Die Decken waren zu schwach für einen Aufzug. Zuvor hat das ganze Haus noch das zehnjährige Bestehen gefeiert. Anfangs war ich sehr traurig, aber mit der Zeit kam ich drauf, das war das Beste für mich. Wenn auch der Weg schwer war.

Zuerst zogen wir nach Atzgersdorf in ein Jugendheim. Ich kann mich gut erinnern an den letzten Abend. Normal ging ich an diesen Abend in den Speisesaal um zu essen. Da sah ich den Pepi sitzen und er sagte zu mir: "Maria, wir sind in einer Gruppe." Und dann fragte er mich noch, weil Pepi half beim Umzug mit und musste die Schachteln tragen: "Soll ich auf deine Sachen aufpassen?" Ich sagte zu ihm: "Ich würde gerne den großen Stoffhund mitnehmen." Ob er so lieb wäre, dass er darauf achtet, dass der Hund mitkommt. Er antwortete mir: "Ja sicher, mach dir keine Sorgen." Nach dem Essen packte ich meine

Sachen in eine Schachtel und setzte den Stoffhund auf die Schachtel. Dann schob ich die Schachtel auf den Gang. Am nächsten Morgen ging ich wie gewohnt in die Arbeit. Ich war den ganzen Tag schon aufgeregt, weil ich dachte mir, wie wird es sein, wenn ich den Pepi wiedersehe? Endlich ist es Nachmittag geworden und der Fahrtendienst brachte mich ins Jugendheim. Eine Betreuerin wartete schon auf mich und zeigte mir mein Zimmer. Da sah ich den Hund auf dem Bett sitzen. Von dieser Zeit an konnten wir normal umgehen und reden.

Es ging überhaupt wieder alles gut. Wir waren nicht zusammen, aber noch wie Freunde. Manchesmal saßen wir im Fernsehraum zusammen und schauten fern.
Im Sommer durfte ich nach Prein fahren, um die Erika zu besuchen. Zugleich sprach meine Betreuerin mit mir. Ich sollte eigentlich in die Herzmansky-Siftung kommen. Aber ich lehnte es ab und fragte, ob ich es in einer WG versuchen darf, weil ich hörte, dass in der Gatterederstr. eine WG aufmachte, mit drei Klienten, die ich sehr gut kannte und mit denen ich mich sehr gut verstand, darum wollte ich mit ihnen in eine WG.

Zum Schluss mussten wir vom Jugendheim auch ausziehen. Wir zogen ins Burgenland, nach Heiligenkreuz. Es war vor Weihnachten und ich nahm von der Werkstatt Urlaub. Den Heiligen Abend verbrachte ich in Heiligenkreuz. Ich dachte mir, es wäre das letzte Mal, dass ich den Pepi sehe und das lasse ich mir von niemanden nehmen. Anfang Jänner war es soweit. Ohne es uns zu sagen, holten sie uns von Heiligenkreuz ab und fuhren uns in die neue WG. Ich konnte mich vom Pepi nicht richtig verabschieden. Mit Tränen in den Augen fuhr ich mit dem Auto in die neue WG. Damals und heute noch fand ich es nicht richtig, dass wir nicht vorher informiert worden sind.

Wohngemeinschaft Gatterederstr.

Ich erinnere mich noch heute ganz genau an den Tag, als ein paar Klienten von Heiligenkreuz abgeholt worden sind. Wir wussten schon, dass wir eines Tages in eine WG ziehen. Aber heute oder morgen habe ich nicht damit gerechnet. Wir wurden gar nicht vorbereitet, dass wir an diesem Tag abgeholt wurden.

Nach dem Mittagessen saßen Pepi und ich beim Kaffee zusammen, da klopfte es an meiner Tür. Eine Betreuerin kam ins Zimmer und sagte zu mir: "Maria, du wirst abgeholt." Schnell sind meine Sachen zusammengepackt worden und es ging nach Wien. Es ging alles zu schnell, ich konnte mich nicht von Pepi verabschieden. Mit Tränen in den Augen saß ich im Auto. Bis heute frag ich mich, warum wir nicht ein paar Tage vorher informiert worden sind. Das verstehe ich bis heute nicht. Wir hätten ein Recht darauf gehabt. Dürfen Menschen mit Behinderung keine Gefühle zeigen? Zum Glück hat alles zu einem guten Ende geführt.

Anfang Jänner bin ich in die Wohngemeinschaft eingezogen. Ein paar Wochen zuvor haben wir Klienten, Christel, Erika, Robert und ich ein Zimmer ausgesucht. Ich suchte mir natürlich das schönste Zimmer aus. Es war sehr groß mit einer Terrassentür. Endlich ein eigenes Zimmer!

Am späten Nachmittag kamen wir in der WG an. Traude und Hans waren schon eingezogen. Nach ein paar Tagen zogen auch Claudia und ihr Freund Wolfgang ein, zuletzt der Roland. Es dauerte eine Weile, bis ich mich eingewöhnt hatte. Jeden Montagabend, nach dem Nachtmahl, machten wir den Speiseplan und den Putzplan und wir wurden zu Einzeldiensten eingeteilt. Ab und zu gab es Streit um die Dienste. Weil die Woche hat sieben Tage und wir waren zu neunt. Deswegen gab es einen Joker. Der Joker musste einspringen, wenn einer von uns krank oder auf Urlaub war. Sonst hat der Joker frei.

Ich machte die Dienste ganz gerne und war eigentlich sehr glücklich, wieder eine Hausarbeit machen zu können. Ich ließ mich für Dienstag eintragen. Dienstag war in der Werkstatt Frühschluss und ich war schon ca. 14 Uhr oder 14 Uhr 30 in der WG und fing meistens meinen Dienst an. Bis die Anderen kamen, war ich schon mit meinem Dienst fast fertig. Nur mit dem Einkaufen musste ich manchesmal warten.

Am Anfang ging ein Betreuer mit, bis eines Tages ein Betreuer zu mir sagte: "Du Maria, heute kann ich dich zum Einkaufen nicht begleiten. Es ist viel zu tun. Aber ich bin mir ganz sicher, du schaffst es alleine."

Er gab mir ein Geld und den Einkaufszettel mit. Zum Abschied meinte er noch, ich soll mir Zeit lassen und gut auf mich aufpassen. Ich nahm das Einkaufswagerl und ging zum Supermarkt. Der war in der Nähe, nur ein paar Schritte entfernt von der WG. Bis ich alles hatte, dauerte es schon einige Zeit, aber ich habe es geschafft und war damals sehr stolz auf mich selber und dachte wieder an diese Betreuerin im Heim. Sie behauptete dass ich wegen meiner Behinderung nichts kann.

Immer wieder werden Behinderte wegen ihrer Behinderung verurteilt. Nicht nur behinderte Menschen werden beurteilt, sondern auch gesunde Menschen, über sie wird auch gesprochen. Ich denke, wer hat überhaupt das Recht, über die anderen zu sprechen, geschweige denn verurteilen? Seit Menschengedenken ist das so und so wird es immer bleiben. Menschen mit Behinderung werden oft falsch eingeschätzt. Wir können uns nicht so gut ausdrücken. Aber in uns steckt sehr viel mehr, als die Leute von uns annehmen.

In der WG angekommen, bekam ich ein großes Lob. Ab diesem Tag ging ich sehr oft alleine einkaufen. Nur wenn es zu viel war, ging ein Betreuer mit. Ab und zu ging ich erst am Samstag einkaufen. Weil am Freitag ist das meiste für das Wochenende eingekauft worden. Außer wenn noch was fehlte oder wenn was Spezielles gebraucht wurde, zum Beispiel ein Brot. Dann bin ich geschickt worden. Mit sehr großer Freude bin ich gegangen. Das hat mir gut getan. Für mich war es wie eine Bestätigung. Die Betreuer waren mit meinen Diensten auch sehr zufrieden. Mein Zimmer war immer aufgeräumt.

Am liebsten machte ich den Wäschedienst. Der war ganz leicht und es war nicht viel zu tun. Auch den Geschirrspüler habe ich am liebsten ausgeräumt, wenn ich sah, dass sich niemand um den Geschirrspüler kümmert. Obwohl ich keinen Dienst hatte! Leider konnte ich nicht das Geschirr in den Kasten stellen, aber ich stellte es einfach auf das Kastel und dann fand sich immer wer, der das erledigt hat. Nur das Besteck konnte ich in die Lade geben.

Einmal im Jahr machten wir eine Urlaubsaktion. Das erste Jahr ging es nach Oberösterreich, ich glaube in die Nähe von Hallstatt. Wir machten jeden Tag einen Ausflug in einen anderen Ort. Nach Gmunden ging es auch einmal. Jedes Jahr machten meine Eltern und ich Urlaub in der

Nähe bei Gmunden und so kannte ich Gmunden sehr gut. Damals hat es mich gefreut wieder einmal in Gmunden zu sein.

Eines Abend gingen wir in das "Schwarze Rössel" in die Disco. Da verschwand auf einmal Sonja mit einem Mann. Sonja. Sie war erst neu in der WG. Stundenlang suchten die Betreuer nach ihr. Erst spät in der Nacht tauchte Sonja auf. An einem Morgen wollte ich meine Kaffeemaschine einschalten, aber es waren beide Kaffeemaschinen nicht mehr in der Küche, sondern die Betreuer haben sie in Sonjas Zimmer gefunden. Ich habe mir ein neues Leibchen gekauft und ich gab es zum Waschen. Doch als ich danach suchte, fand ich es nicht mehr. Wieder hatte es Sonja. Wie ich es entdeckt habe, ging ich gleich zu den Betreuern und habe es gleich gemeldet. Sonja hat es mir zurückgegeben. Nach kurzer Zeit verließ uns Sonja und es kamen immer wieder neue Klienten.

Die nächste Urlaubsaktion ging nach Griechenland. Wir blieben unterschiedlich lang in Griechenland, meistens nur eine Woche, selten zwei Wochen. Mir hat es immer gut gefallen. Abends gingen wir Essen und anschließend sind wir noch was trinken gegangen. Einmal hatte ich den ersten Schwips. Nicht nur ich, sondern ein paar Klienten von uns. Warum sollen Menschen mit Behinderung nicht mit Alkohol Erfahrungen machen?

Eines Tages beschlossen wir, die restlichen Leute von Heiligenkreuz zu besuchen. Das Wiedersehen mit Pepi war nicht so erfreulich, wie ich erhoffte. Zu Ostern fuhr ich nach Heiligenkreuz und blieb ein paar Tage. Aber nicht nur wegen dem Pepi, sondern mir gefiel der Ort Heiligenkreuz sehr gut. Ich ging gerne durch den Ort spazieren.

Eines Tages war wieder einmal Wochenende. Die Leute von Heiligenkreuz sind für ein paar Tage nach Wien gekommen und zogen ins Jugendzentrum. Ich glaube es war an einem Sonntagvormittag, als vom Jugendzentrum eine Betreuerin bei uns angerufen hat, wir sollen Nachmittag auf einen Kuchen und Kaffee kommen. Zuerst wollte ich nicht mitgehen. Wegen dem Pepi. Eigentlich wollte ich ihn nicht mehr sehen und hatte mit Pepi auch völlig abgeschlossen. Damals dachte ich, es sei vorbei. Doch das Schicksal wollte es anders. Heute bin ich ganz sicher, uns ist geholfen worden, dass wir zwei wieder zusammengekommen sind.

In der WG sind ein paar Wochen vergangen, als sich ein neuer Betreuer vorstellte. Es war Samstag und unsere Leiterin hatte zufällig früher Dienst. Wenn es einen Mangel an Betreuern gab, sprangen auch die Leiter ein. An einem späten Samstagnachmittag wurde das Nachtmahl gekocht und war fast fertig. Da sagte die Frau Kirschbaumer zu uns: "Mit dem Essen warten wir noch, es kommt noch ein Besuch. Es wird sich ein Mann vorstellen." Bald darauf läutete es an der Tür. Draußen stand ein Herr mit eingebundenem Finger. Er erzählte uns, warum er eingebunden war. Herbert, so hieß der Mann. Dass er von Beruf Tischler war und seine Hand in die Kreissäge gekommen ist, dabei hatte er sich in den Finger geschnitten. Dann erzählte er, dass er den Tischlerberuf aufgegeben habe und jetzt gerne als Betreuer bei uns in der WG anfangen würde.

Nach ein paar Tagen fing Herbert bei uns an. An diesem Tag wollten meine Bezugsbetreuerin und ich Schuhe kaufen gehen. Doch wir fanden keine, obwohl wir schon in ein paar Geschäften waren. Weil ich brauche ganz hohe Schuhe zum Gehen. Daraufhin sagte meine Betreuerin zu mir: "Wir müssen jetzt in die WG, wegen dem Herbert, der fängt heute schon an und hat noch keinen Schlüssel. Wir müssen ihm aufsperren." Aber ich dachte mir, ich will jetzt Schuhe, was geht mich der Herbert an. Zur dieser Zeit wusste ich noch nicht, dass ich mich in ihn verliebe. Er gefiel nicht nur mir, sondern auch den anderen Klientinnen und ich glaube auch den beiden Betreuerinnen.

Nach einiger Zeit gab es in der Fröhlichgasse eine neue Wohngemeinschaft und mein Freund Pepi zog mit ein paar andern Klienten ein. Ganz am Anfang wurde ausgerechnet die Betreuerin Leiterin in der Fröhlichg. die der Meinung war, ich könnte wegen meiner Behinderung nix. Aber wir ließen uns nicht abhalten, der Pepi und ich haben uns trotzdem gegenseitig besucht. Jeden Sonntagnachmittag besuchte mich Pepi. Ab und zu fuhr ich zu ihm. Mit der Zeit kamen wir uns näher und wurden wieder Freunde.
Nach drei Jahren wechselte ich die Wohngemeinschaft. Ich zog in die Canevalestr. in eine Garconniere. Mit der Zeit gingen mir die anderen Klienten auf die Nerven. Ständig wurde ich von ihnen beobachtet und sie haben auch mit mir angeschafft. An einem Samstagvormittag hatte ich einen Friseurtermin und kam erst zu Mittag heim. Ich hatte in dieser Woche Wäschedienst. Claudia hatte sich aufgeregt, weil ich statt Wäschewaschen beim Friseur war. Sie fragte mich, wann ich gedenke,

die Wäsche zu waschen? Statt ihr eine freche Antwort zu geben, begann ich gleich die Wäsche in die Waschmaschine zu geben. Claudia, Traude und ihr Freund Hans glaubten, weil ich mir mit dem Sprechen ein bisschen schwer tue, sie können mit mir anschaffen. Das glauben viele. Damals war ich zu feige. Doch heute denke ich anders und habe mir vorgenommen, dass ich mir von niemandem mehr etwas anschaffen lasse. Ich höre nur auf die Betreuer und auf meinen Freund Pepi.

Eines Tages meinte der Betreuer zu mir: "In der Canevalestr. wird eine neue Wohngemeinschaft mit drei kleinen Wohnungen eröffnet. Das wäre etwas für dich und du hast endlich deine Ruhe und deinen Frieden." Zuerst wollte ich von allem nichts wissen. Bis an dem Morgen, an dem ich von Herbert Schimpfer bekommen habe, weil ich ihn aufgeweckt habe. Jeden Morgen ist der Fahrtendienst gekommen, um mich in die Werkstatt zu bringen. Ich bin ein Morgenmensch und stehe sehr gerne früh auf. Zum Leidwesen der Anderen. Wobei ich darauf achtete, dass ich die Anderen nicht störte und aufweckte. Leider ist es doch geschehen, dass jemand aufgewacht ist. Herbert ist aufgewacht und war wütend auf mich. Er kam in mein Zimmer und hatte mich zusammengeschimpft. Da habe ich zur Antwort gegeben, dass ich bereits überlegt habe, in die neue WG zu ziehen. Da hat er blöd geschaut.

Es war immer die Rede, dass eigentlich Traude und Hans in die Garconniere einziehen sollten. Warum es damals mit beiden nix geworden ist? Sie bekamen nämlich eine größere Wohnung. Eine Zeitlang haben Traude und Hans in der Wohnung gewohnt. Doch sie mussten wieder in die WG zurück. Dann trennten sie sich. Und ich zog in die WG Canevalestr..

Wenn ich damals gewusst hätte, dass der Pepi in die Bewo. Gatterederstr. zieht, vielleicht wäre ich geblieben. Ich hörte auch, dass die Leiterin von der Fröhlichgasse nicht mehr ist. Mir gefiel es in der Garconniere so gut, dass ich nicht mehr zurückwollte. Ich lehnte auch das Angebot ab, wieder in die Hochstraße zu ziehen. Von da an darf Pepi jedes Wochenende auf Besuch kommen und jedes zweites darf er auch bei mir übernachten.

Der Umzug in die Wohngemeinschaft Canevalestr.

Mitten im Sommer war es so weit, endlich bekam ich meine eigene Wohnung. Obwohl ich wusste, dass es in dem Sinne keine eigene Wohnung war. Aber für mich war es und ist es heute noch meine Wohnung. Ich brauche sehr viel Hilfe, aber trotzdem ist es mir möglich, mich zurechtzufinden. Ich habe mich sehr bemüht.

Anfangs waren mein Vater und seine Lebensgefährtin sehr dagegen. Ich war wieder für ein paar Tage in Laa an der Thaya bei meinem Vater zu Besuch. Am Sonntag fragte mein Vater, ob er mich erst am Montag in die WG bringen dürfte. Ich gab ihm zur Antwort, mir wäre es lieber, wenn er mich schon am Sonntag in die WG bringen könnte. Weil es besteht die Möglichkeit, dass ich eine Wohnung bekomme. Als ich das sagte, habe ich mir etwas anhören können. Überhaupt Rosi hat sich sehr aufgeregt über mich. Sie behauptete, ich würde meinem Vater nur Sorgen bereiten. Wie kannst du alleine in einer Wohnung wohnen? Wie soll das gehen und ich werde immer Hilfe brauchen. Schlag dir das aus dem Kopf. Ich muss zugeben, dass ich es nicht erklärt habe, wie es eigentlich ist, mit der Wohnung. Sie ließen mich gar nicht zu Wort kommen. Trotzdem brachte mich mein Vater am Sonntag zurück.

Gleich als ich in der WG angekommen bin, berichtete ich meinem Betreuer, dass mein Vater nicht einverstanden ist, dass ich umziehe. Da gaben mir die Betreuer zur Antwort, ich soll einmal abwarten. Gerhard, der Leiter, hat meinem Vater am Telefon informiert, dass in der Canevalestr. eine WG mit drei kleinen Wohnungen aufgemacht wird. Wir dachten an die Maria. Sie hätte mehr Platz und mehr Ruhe. Maria ist manchesmal genervt, von den Anderen. Sie hätte dann auch genauso wie jetzt eine Betreuung. Mein Vater hat sich dann ausgekannt und willigte ein und ich habe am nächsten Tag mit Gerhard die Wohnung besichtigt.

Ich nahm gleich die erste neben der WG. Vor lauter Freude ging ich für meine Wohnung einkaufen. Ich kaufte mir Bettzeug, Geschirrtücher und ein wenig Geschirr. Es dauerte eine Weile bis ich umziehen konnte. Von da an begann ein schöner Sommer. Gleichzeitig wurde im Spastiker-Verband umgebaut und wir sind in die Auhofstr. im 13. Bezirk gezogen und mir hat es sehr gut gefallen. In der Villa war die Englische

Botschaft. Unsere Werkstatt wurde umgebaut und wir sind vorübergehend ausgezogen.

Ein dreiviertel Jahr blieben wir in der Auhofstr., bis unsere Werkstatt behindertengerecht wurde. In dieser Zeit war ich sehr glücklich und ich fühlte mich endlich erwachsen. Nur hatte ich damals das Gefühl, am Anfang waren die Betreuer nicht sehr zufrieden mit mir. Obwohl ich mich sehr bemühte und ich schaute auch immer, dass ich alles richtig mache. Es waren auch andere Betreuer als jetzt. Christian und Peter kannten mich von der WG Gatterederstr. und Christian war mit meinen Diensten sehr zufrieden. Im Gegenteil, sie waren der Meinung, ich mache viel zuviel. Wenn ich den Wäschedienst hatte, kam es vor, dass ich zugleich den Einkaufsdienst und Küchendienst machte. Weil das Wäschewaschen hat die Waschmaschine alleine gemacht und in den Trockner geben war keine Arbeit für mich. Der Wäschedienst war meine liebste Arbeit. Eine Zeitlang blieb Christian bei uns. Dann half er mit Peter und einer Frau die neue WG einzurichten. Was dann mit der Frau geschah, das weiß ich nicht. Es war Sonntagnachmittag als der Christian mich holte und mir beim Umzug half. Ich nahm mir eine Woche Urlaub.

In diesem Sommer fuhr ich auch nicht zu meinem Vater. Sondern ich machte einen Tanzkurs in einer Hochschule, auf der Schmelz. Früher war der ÖVSE (Österreichischer Verband für Spastiker-Eingliederung) drei Wochen gesperrt und wir mussten zuhause bleiben. Im Laufe der Zeit war der ÖVSE im ganzen Jahr geöffnet. Wegen den Fehltagen, es war nur an 50 Fehltagen erlaubt, vom ÖVSE fernzubleiben. Wenn es mehr waren als 50 Fehltage, müssen die Klienten selber bezahlen. Ich achtete darauf, dass ich die 50 Fehltage nicht überschreite. Dafür konnten wir selber bestimmen, wann und wie lange wir zuhause bleiben.

Den Rest des Urlaubes verbrachte ich mit der Wohnungseinrichtung. Mit meinem Betreuer ging ich ein paar neue Möbel kaufen. Zuletzt beschloss ich, Vorhänge zu kaufen, doch dummerweise wollte ich deswegen keinen freien Tag nehmen und fuhr nach dem Einkauf in die Werkstatt. Erst zuhause bemerkte ich, dass zwei von vier Vorhängen fehlten. Warum damals nur ein Teil von den Vorhängen fehlte, das ist mir ein Rätsel. Darum musste ich noch einmal zum Michelfeit fahren. Es war Samstag und ich machte mich alleine auf den Weg. Mit dem

Autobus fuhr ich in den 10.Bezirk und holte die fehlenden Vorhänge. Dann holte mich der Fahrtendienst und brachte mich nachhause. Von meinem Vater bekam ich Geschirr und einen Staubsauger. Zum Schluss bekam ich einen Computer.

Erst nach dem Umzug in die Canevalestr. kam ich über die Trauer wegen Mutters Tod hinweg. Mit der Zeit begann mein Leben anders zu werden. Nach einiger Zeit zog mein Freund Pepi auch um und von dieser Zeit an sehen wir uns jedes Wochenende. Jedes zweite Wochenende darf Pepi bei mir schlafen. Ich wohne seit 23 Jahren in der Canevalestr.. Vor ca. zwei Jahren bekam ich eine neue Küche, Vorhänge und einen Bodenbelag. Zum Schluss bekam ich einen Laptop mit Internetanschluss.

Heuer habe ich begonnen, den Garten umzugestalten. Die Pergola ist abgerissen worden und sowohl die Büsche, als auch die alten Bäume sind umgeschnitten worden. Dadurch bekomme ich mehr Sonne. Meine Bezugsbetreuerin besorgte mir ein Hochbeet und Blumen. Anfang des Sommers ist ein Strauch eingesetzt worden. Leider sind Schnecken unterwegs und haben gewisse Blumen zum Fressen gerne. Geplant ist ein Rosenbogen mit Rosen. Ich glaube bis zum Frühjahr wird mein Garten fertig sein. Mit der Betreuung bin ich sehr zufrieden und fühle mich sehr wohl. Meine kleine Wohnung ist mein zweites Zuhause geworden. Es war die richtige Entscheidung.

Keine gute Erinnerung

Vor sehr vielen Jahren machte eine Betreuerin bei uns in der WG Canevalestr. eine zeitlang Dienst. Ich glaube, sie war nicht besonders beliebt. Damals ging ich jeden Mittwoch auf die Kuffner-Sternwarte um einen Kurs zu besuchen. Seit meiner Kindheit habe ich mich für Astronomie interessiert. Ich hatte damals das Glück, dass ein Betreuer von der Werkstatt als Nebenbeschäftigung in der Sternwarte gearbeitet hat und er hatte auch eine gute Beziehung zum Leiter der Sternwarte. Dadurch konnte ich, immer wann ich wollte, zur Sternwarte fahren. Der Weg zur Sternwarte war ganz leicht zu finden. Leider fand der Kurs nur am Abend statt, deswegen kam ich spät am Abend heim.

Eines Abends wollte ich das Haustor aufsperren. Als ich den Schlüssel in das Schüsselloch stecken wollte, brach der Schlüssel ab und ich konnte nicht mehr hinein. Notgedrungen läutete ich in der WG an. Es war schon ziemlich spät in der Nacht und ich glaube, die Betreuerin hatte schon geschlafen, denn sie war nicht sehr erfreut, dass sie aufgeweckt wurde. Mir war es auch nicht sehr angenehm, aber was hätte ich tun sollen? Ich wollte nicht die ganze Nacht draußen stehen und warten bis jemand kommt und aufsperrt. Und außerdem war ein Stück vom Schüssel im Loch steckengeblieben. Es hätte niemand ins Haus hinein können. Wir mussten den Schlüsseldienst holen. Das alles mitten in der Nacht. Am Morgen sagte sie zu mir, ich bekomme keinen Schlüssel mehr, wenn ich Glück habe sperren mir die Betreuer auf, wenn sie da sind. Und wenn nicht, wäre es mein Problem. Doch ich bekam wieder einen Schüssel. Danach kam es vor, dass der Schlüssel immer wieder abbrach. Doch von da an war es kein Thema mehr.

Vor ein paar Tagen habe ich erfahren, dass diese ehemalige Betreuerin bei uns zwei Dienste macht. Ich fiel aus allen Wolken, ich dachte mir, nach so vielen Jahren macht sie wieder Dienst! Ein Betreuer und ich haben uns sehr gewundert. Mir ist diese Betreuerin in keiner guten Erinnerung geblieben. Aus welchen Gründen sie dann doch nicht gekommen ist, das ist uns ein Rätsel. Angeblich war sie verhindert. Vielleicht hat diese Betreuerin von meinem Schreiben erfahren und hat sich nicht mehr zu uns getraut?

Ungewollte Hilfe

Die ungewollte Hilfe

Wegen meiner Behinderung glauben manche Leute, dass ich Hilfe benötige. Früher war ich sehr viel alleine unterwegs und dadurch habe ich schon vieles erlebt. Leider negative Sachen, selten Positives.

Weil ich beim Gehen unsicher erscheine, glauben manche, ich falle um. Es kann schon passieren dass ich hinfalle. Dann stehe ich wieder auf. Die Leuten nehmen gleich das Schlimmste an und holen die Rettung oder wollen mich in eine Psychiatrie Klinik bringen. Vor dem habe ich die größte Angst, dass ich in eine Anstalt eingewiesen werde.

Menschen mit Behinderung sind schwer einzuschätzen, ob wir Hilfe benötigen oder nicht. Manche Leute wollen nur behilflich sein. Bei mir ist es besonders schwierig abzuschätzen. Ich habe mit dem Sprechen Schwierigkeiten und in der letzten Zeit benötige ich einen Rollstuhl.

Ich kann kaum noch gehen und deswegen bilde ich mir ein, dass mich jemand, der mich nicht kennt, für geistig behindert einschätzt. Das kommt von früher, weil früher glaubte man, dass Menschen mit Behinderung nicht lebensfähig sind und nicht mit ihrem Leben zurechtkommen. Doch mit Unterstützung kommen wir Menschen mit Behinderung in unserem Leben zurecht!

Statt Heimen gibt es Wohngemeinschaften und Betreutes Wohnen. Es gibt auch für Menschen mit Behinderung geschützte Arbeitsplätze. Über ca. 50 Jahre bin ich schon bei Jugend am Werk und im Laufe der vielen Jahre hat sich sehr viel getan. Menschen mit Behinderung führen oft ein ganz normales Leben.

Ich setze mich für Selbstbestimmung ein. In meiner Werkstatt war ich Gruppensprecher und habe meine Kollegen vertreten. Schon in meiner Jugend war ich der Meinung, Menschen mit Behinderung sollen die gleichen Rechte haben wie Menschen ohne Behinderung. Da gab es so manche Diskussionen zwischen den Betreuern und mir.

Ich wohne in einer Wohngemeinschaft und werde gut betreut und führe, so gut wie es geht, ein ganz normales Leben.

Der alte Mann

Endlich war meine Wohnung fertig eingerichtet. Eines Tages, dachte ich mir, es wäre nicht schlecht, eine Einweihungsfeier zu machen. Ich lud von der Werkstatt meine Kollegen, Betreuer und die Zivildiener ein.

Am Tag zuvor ging ich einkaufen. Damals fuhren wir noch bis zum Schöpfwerk zum Pampam. Christian, unser Betreuer von der WG, meinte, beim Pampam gibt es mehr Auswahl bei den Lebensmitteln, als beim Billa in Alt-Erlaa. Obwohl, ich durfte auch zum Billa einkaufen gehen. Ab und zu war ich beim Billa einkaufen. Dummerweise fuhr ich an diesem Tag zum Schöpfwerk.

Es war Winter und der Weg war rutschig. Beim Rückweg war mein Einkaufswagen so schwer, dass ich den Wagen fast nicht ziehen konnte. Auf dem Weg kam ein älterer Mann mir entgegen und fragte, ob er mir helfen kann. Ich war ganz froh darüber und ich sagte ja. Er half mir bis zur U-Bahn und dann kamen uns zwei junge Frauen entgegen.

Der Mann sagte zu ihnen, sie sollen die Polizei holen. Er glaubte, ich finde nicht mehr nach Hause und er glaubte auch, dass ich die Einkaufstaschen gestohlen hatte. Und deswegen wurde ich auch, bis die Polizei kam, von den beiden Frauen festgehalten. Bevor die Polizei kam, verschwand der Mann und ließ mich mit den jungen Frauen alleine. Sie hielten mich weiterhin fest, obwohl ich mich wehrte. Endlich kam die Polizei. Sie fragten, was geschah und warum halten sie diese Frau fest? Die Frauen erzählten von dem Mann der mich festhielt und dass er glaubte, ich hätte die Einkaufssachen gestohlen und dass ich nicht mehr nach Hause finde. Die Polizei fragte mich, ob es stimmt. Ich zeigte ihnen meinen Einkaufszettel und sagte, dass ich ganz allein heim finde und dann fragten die Polizisten, ob ich festgehalten wurde. Ich antwortete ja. Daraufhin schickten die Polizisten die Frauen weg und ließen mich alleine den Weg fortsetzen.

Als ich in der WG ankam, erzählte ich, was geschehen ist. Wegen dieser Geschichte haben ich mit Hilfe meiner Betreuer einen Zettel geschrieben. Darauf steht meine Adresse und dass ich selbstständig bin. Dass ich auch ganz gut zurechtkomme. Manchesmal zeige ich ihn her, nur wenn es wirklich notwendig ist.

Ich bin der Meinung, behinderte Menschen soll man ganz normal behandeln, dann bin ich zufrieden. Doch die Geschichte war nicht die einzige. Ich musste ein paar Mal die Erfahrung machen, viele Leute glauben, wir sind nicht imstande, ein ganz normales Leben zu führen.

Weil ich mit dem Fahrtendienst nicht zufrieden war, habe ich beschlossen, mit den Öffis zu fahren. Die Betreuer waren nicht ganz einverstanden mit meiner Entscheidung. Mir ging es damals sehr gut und ich fühlte mich auch sehr wohl in meiner Haut. Der Weg zur Werkstatt war ganz einfach und ich kannte den Weg schon.

Oft war ich schneller als der Fahrtendienst. Mir machte es viel Spaß als Erster bei der Werkstatt vor dem Haustor zu stehen. Nach und nach kamen die Busse vom Fahrtendienst. Am Nachmittag fuhr ich wieder mit der U-Bahn nach Hause. Manchmal kam es vor, dass ich schon in Alt-Erlaa ausstieg, zum Einkaufen. Um dann erst den Weg nach Hause fortzusetzen. Nur einmal meinte eine Betreuerin, ich sollte zuerst von der Werkstatt in die WG kommen und dann wieder nach Alt-Erlaa fahren. Doch das war mir zu anstrengend und ich ging weiterhin, wenn es nötig war, einkaufen bevor ich in die WG fuhr.

Die Falschaussage

Als meine Mutter gestorben war, wünschte ich mir ein Amulett mit einem Bild von meiner Mutter. Zu Weihnachten bekam ich es als Geschenk von meinem Vater. Ich hängte das Amulett auf eine lange Halskette. Eine Zeitlang habe ich es getragen. Eines Tages habe ich ein Bild ausgewechselt und trug weiterhin die Kette jeden Tag.

An einem Freitag fuhr ich von der Werkstatt mit der U-Bahn nach Hause. Als ich bei der Erlaaer Straße ausstieg und über die Stiege gehen wollte, kam eine Frau zu mir und fragte mich, ob sie mir behilflich sein kann. Ich antwortete, dass ich keine Hilfe brauche und dass ich alleine zurechtkomme. Trotzdem nahm sie meinen Arm und ging ein Stück des Weges mit mir. Dabei zog sie mir die Kette über den

Kopf. Aber ich hab die Kette aufgefangen und steckte sie in meine Handtasche. Ich ging so schnell wie ich konnte nach Hause. Doch die Frau verfolgte mich und rief meinen Namen. Sie rief: „Maria, Maria wart auf mich.“ Woher die Frau meinen Namen kannte, ist mir ein Rätsel. Vor dem Haustor hat sie mir noch die Tasche wegnehmen wollen. Zum Glück kam ein Mann und fragte die Frau, warum sie mich bestiehlt. Und sie soll mich in Ruhe lassen. Daraufhin kam die Frau zurück und warf die Tasche vor meine Füße. Dazu sagte sie zu mir: "Da hast du, du Blöde!" Der Mann hat dann die Polizei geholt, Helmut ist mit dem Rad nachgefahren. Leider konnten Helmut weder die Polizei noch die Frau erwischen.

Am nächsten Tag sind Helmut und ich von einem Polizeiauto abgeholt worden, um ein Protokoll zu machen. Danach zeigten sie uns ein Foto von einer Frau. Helmut und ich erkannten die Frau, doch der Polizist sagte zu uns, das kann es nicht sein, weil diese Frau sitzt bereits in Haft. Ich war ziemlich sicher, dass es sie war. Der Polizist meinte zu uns, wir sollen keine Falschaussage machen. Wir bekamen trotzdem ein großes Lob. Mit dem Polizeiauto wurden wir wieder nach Hause gebracht.

Drogenabhängig

Es war wieder an einem Freitagmorgen. Mit der U-Bahn fuhr ich in die Werkstatt. Als ich in der Thaliastr. ausstieg, wollte ich zum Autobus gehen, um den Weg zur Werkstatt fortzusetzen. Beim Ausgang in der Station stand eine dunkelhaarige Frau und meinte, wegen meines Gehverhaltens wäre ich drogenabhängig und sie wollte mich ins Otto Wagner Spital bringen. Zuerst drehte ich mich um und wollte zu Fuß über die Thaliastr. in die Werkstatt gehen. Warum ich mich wieder anders entschied, das weiß ich bis heute nicht. Ich wollte nicht zu spät in die Werkstatt kommen. Es wäre egal gewesen, weil die Programme fingen erst um 9 Uhr 30 an und freitags war Kochtag.

Dummerweise machte ich kehrt, obwohl ich sah, dass die Frau noch immer am Ausgang stand. Ich glaubte, sie lässt mich in Ruhe, aber sie sagte zu mir, dass ich ärztliche Hilfe brauche. Sie nahm meinen Arm. Obwohl ich mich wehrte und zu schlagen anfing, ließ sie mich nicht los und begleitete mich bis zur Bushaltestelle. Ein paar Busse wartete ich ab, bis die Frau meinen Arm losließ und dann kam ein Bus und ich versuchte, alleine einzusteigen. Doch die Frau folgte mir. Zum Glück ist der Bus länger stehengeblieben und ich konnte wieder aussteigen. Ich ging so schnell wie ich konnte in die Werkstatt. Auf dem Weg traf ich ein Betreuerin und erzählte ihr von der Frau. Gemeinsam gingen wir in die Werkstatt.

Epilepsieanfall

Früher ging ich am Mittwochvormittag reiten. Ich wurde vom Fahrtendienst am Vormittag abgeholt. Nach dem Reiten fuhr ich mit dem Fahrtendienst in die Werkstatt, um das Mittagessen einzunehmen. Ich durfte nach dem Mittagessen nach Hause gehen.

An diesem Tag ging ich normal zur U-Bahn. Weil ich bin eine zeitlang alleine von der Werkstatt und wieder nach Hause gefahren. Mit dem Fahrtendienst bin ich nur gefahren, wenn es wirklich notwendig war und manchesmal auch sehr ungern. Ich ging zu Fuß bis zur Station Thaliastr. und stieg in die U-Bahn ein.

In der Niederhofstr. stieg ein Mann ein. Er sah mich und sagte zu den anderen Leuten, die Frau hat einen Epilepsieanfall und sie sollen die Rettung holen. Er meinte mich. Ich bekam Angst und dachte nach, was ich tun soll: Soll ich aussteigen? Oder weiterfahren? Ich entschloss mich bis zur Erlaaerstr zu fahren und dort stieg ich auch aus. Ich wollte meinen Heimweg fortsetzen.

Mit dem Aufzug fuhr ich hinunter, doch der Mann war schneller als ich und packte mich am Arm und hielt mich fest. Ich sagte zu ihm, dass ich alleine heimfinde und er soll mich endlich loslassen. Aber der Mann hielt mich weiter fest. In meiner Verzweiflung fing ich den Mann zu kratzen und zu beißen an. Doch das half alles nichts. Ich wurde weiterhin festgehalten. Dann kam noch eine Frau dazu. Der Mann sagte wieder zu der Frau, sie soll die Rettung anrufen, weil ich angeblich einen Anfall habe. Tatsächlich rief die Frau die Rettung an. Zum Glück kam ein weiterer Mann dazu und fragte, warum ich festgehalten werde. Und dass er mich kennt. Sie sollen mich loslassen.

Darauf ließen sie mich los und ich konnte endlich nach Hause gehen. Das Beste war, wie ich schon fast zuhause war kam erst die Rettung.

Der Einkauf

Lang ist es her, dass ich alleine einkaufen gegangen bin. Obwohl ich mit der U-Bahn bis nach Alt-Erlaa fahren musste. Manchesmal war es schon anstrengend. Aber trotzdem machte es mir viel Spaß und Freude. Ich habe keine Angst vor den Leuten, die glauben, ich wäre unfähig, alleine unterwegs zu sein. Ich dachte mir: "Jetzt erst recht und was die Leute von mir denken, das ist mir freilich egal."

Zweimal ist es noch vorgekommen, dass ich belästigt wurde. An einem Freitag fuhr ich vom Einkaufen mit der U-Bahn nach Hause. Wieder hatte ich meine Bewegungen nicht unter Kontrolle. Deswegen glaubte ein Mann, dass ich umfalle. Er stieg mit mir von der U-Bahn aus und begleitete mich bis zur Haustür, gegen meinen Willen. Zum Glück stand die Haustür offen und ich konnte ihm entwischen. Dann habe ich die Türe vor seiner Nase zugeschlagen und er musste draußen bleiben.

Ein Erlebnis mit einer Frau

Immer öfter ging ich schon am Freitag in der Früh einkaufen. Außer ich fühlte mich unsicher mit dem Gehen und deshalb verschob ich es auf Samstagvormittag. An diesem Samstag ging ein starker Wind und mein Einkaufswagen war zu leicht. Es fiel gleich mit dem kleinsten Windstoß um. Der alte Einkaufswagen war kaputt oder nicht mehr schön und so bekam ich einen neuen.

Aber er war viel zu leicht und zu klein. Ich war nicht zufrieden mit dem Wagen. Auf dem Nachhauseweg, an der Ecke, kam wieder ein Windstoß und der Wagen fiel um. Ich konnte ihn nicht festhalten und die Sachen fielen mir heraus. Ich kniete mich nieder und wollte die Sachen wieder einräumen. Auf einmal kam eine bekannte Frau und sie half mir. Dann kam noch ein Mann dazu. Die Frau sagte zu dem Mann, er soll mich festhalten, sie holt einen Betreuer. Weil sie glaubte, eine

WG ist ein Heim. Wenn ich das Wort Heim schon höre, bekomme ich immer einen Zorn. Warum soll ich in einem Heim wohnen? Nur weil ich behindert bin?

Die Frau läutete in der WG an und Markus, der Betreuer, kam heraus. Er fragte, was geschehen war. Da gab die Frau zur Antwort, dass ich hingefallen sei und sie musste mir aufhelfen. Ich bin gar nicht hingefallen. Wenn ich mich hinknie, tue ich mir leichter. Es schaut ungewöhnlich aus. Darum glauben die Leute, dass ich Hilfe brauche.

Markus sagte dann zu ihr: "Eigentlich ist unsere Maria sehr selbstständig und sie hat es nicht gerne, dass man ihr hilft." Es war mir peinlich wegen dem Helmut. Helmut ist ein Klient von der WG und ich vermute, er war neugierig, was ich wieder angestellt hatte. Er ist dem Markus gefolgt und das war mir peinlich.

Am Nachmittag läutete die Frau noch einmal an und erkundigte sich, wie es mir geht. Und ob ich mich schon beruhigt habe. Sie erzählte auch dem Betreuer, dass ich umhergeschlagen habe. Ich mag nicht, ohne zu fragen, wenn ich festgehalten werde. Die Betreuerin Gabi hat ihr dann die Meinung gesagt. Nach ein paar Tagen habe ich sie getroffen, da habe ich ihr den Mittelfinger gezeigt. Seitdem habe ich sie nicht mehr gesehen.

Die Bahnfahrt

Zweimal im Jahr bin ich zu meinem Vater nach Hallein gefahren. Das ist immer gut gegangen. Ein Betreuer begleitete mich mit dem Taxi zum Zug. Er setzte mich in den Zug, und wartete bis der Schaffner kam, dann sagte er zu dem Schaffner, dass ich nach Hallein fahre und er soll so nett sein, beim Aussteigen behilflich zu sein. Zusätzlich sagte Wolfgang, dass ich von meinem Vater erwartet werde. Dann ließ mich Wolfgang allein und ich fuhr ohne Begleitung nach Hallein.

Ich glaub es war August und wollte ich wieder nach Hallein fahren. Wieder wurde ich von einem Betreuer begleitet. Wie immer sprach er mit dem Schaffner. Dann kam ein anderer Schaffner und er wusste nichts von dem Gespräch mit Wolfgang. Dieser Schaffner hat sich aufgeregt und meinte, ich darf ohne Begleitung wegen meiner Behinderung nicht alleine mit dem Zug fahren und wer mich in den Zug gesetzt hätte.

Den ganzen Urlaub habe ich mich nur geärgert über den Schaffner. In der Werkstatt schrieb ich an die ÖBB eine Beschwerde. Ich schrieb ihnen: "Eine Begleitperson ist für mich aus Kostengründen nicht leistbar. Warum sollte ich eine Beigleitperson brauchen?" Dazu erwähnte ich, dass die ÖBB Hilfe für Menschen mit besonderen Bedürfnissen anbieten. Eine Zeitlang war im Fernsehen auch eine Werbung, dass behinderten und älteren Menschen geholfen wird. Ein Zivildiener suchte die E-Mail-Adresse der ÖBB heraus und schickte die Beschwerde an die ÖBB am Westbahnhof. Nach ein paar Tagen bekam ich eine Nachricht. Sie haben sich entschuldigt und ich soll weiterhin mit der Bahn fahren .

Ich brauche nur beim Aussteigen Hilfe, sonst habe ich keine Hilfe benötigt. Die Schaffner waren alle sehr nett und hilfsbereit. Es war nur das eine Mal, dass ich Schwierigkeiten mit einem Schaffner hatte. Ich glaube, dass Behinderte oft als nicht normal eingeschätzt werden, das kommt von früher. Weil früher war es eine Schande, behindert zu sein. Behinderte wurden weggesperrt oder getötet. Doch heute ist es ganz anders und es geht uns gut. Es gibt kaum mehr Heime. Nur noch Wohngemeinschaften oder Betreutes Wohnen. Untertags sind Behinderte in einer Werkstatt, um einer Arbeit nachzugehen. Für ältere Klienten gibt es eine Seniorengruppe. Seit ein paar Jahren können Menschen mit besonderen Bedürfnissen selbst bestimmen. Im Spastiker-Verband ist eine Selbstbestimmungsgruppe gegründet worden. Ich war auch Gruppensprecher und habe meine Kollegen vertreten. Schon immer war ich der Meinung, dass Menschen mit Behinderung, die gleichen Rechte haben, wie Menschen ohne Behinderung.

Es hat sich sehr viel verändert. Nur weil etwas anders ist, wird es von der Gesellschaft noch immer nicht so richtig akzeptiert. Manche Leuten wollen hilfsbereit sein. Dabei sind die Leute unsicher, ob Menschen mit besonderen Bedürfnissen Hilfe brauchen oder nicht. Ob wir überhaupt eine Hilfe annehmen wollen, oder nicht. Das ist sehr oft schwer einzuschätzen. Der Gedanke kam mir unter dem Schreiben.

Liebe

Mit Lebensgefährten Pepi

Meine erste große Liebe

Wegen meines Versagens in der 4. Klasse konnte ich nicht in die Hauptschule aufsteigen. Ich musste weiterhin in der Volksschule bleiben und so kam ich in die M-Klasse. Wegen zu wenig Schülern musste unser Lehrer vier Klassen auf einmal unterrichten. Aber die meisten Fächer hat er uns zusammen unterrichtet. Nur wenn es Schularbeiten gab, dann hat er uns unterschiedliche Aufgaben gegeben. Zum Beispiel, beim Rechnen und in Deutsch. Ich hasste die Schularbeiten. Das ganze Wochenende habe ich gelernt und trotzdem eine Fünf geschrieben. Doch mit dem Lernen ging es wieder bergauf und ich begann, wieder mit etwas Lust zu lernen. Mein Klassenlehrer war auch zufrieden mit mir.

Nach ein paar Wochen zogen wir vom 1. Stock ins Erdgeschoss in eine Werkstatt. Das war unser neues Klassenzimmer. Es war nicht so schön wie oben. Aber mit der Zeit hatten wir uns gewöhnt und auch Gefallen gefunden. Weil wir waren von den anderen abgeschirmt und konnten manchmal machen, was wir wollten. Ich glaube, am meisten gefiel es unserem Lehrer, weil er konnte am Gang rauchen und ich durfte manchmal am Gang gehen, um mich in seine Arme zu kuscheln.

In der 4. Klasse habe ich ihn an den Nachmittagen gehabt. Ich mochte ihn nicht sehr. Vielleicht weil ich ihn nicht so gut kannte. Erst als er mein Klassenlehrer wurde, habe ich ihn näher kennengelernt und er wurde für mich der liebste und wichtigste Mensch auf der Welt. Außer meinen Eltern. Es dauerte schon einige Zeit, bis ich mich an ihn gewöhnt hatte.

Die allerschönste Zeit war auf den Schullandwochen. Wir fuhren zwei Wochen nach Niederösterreich. Mit uns fuhr noch eine Klasse mit. Am Tag, als wir abreisten, wurde unser Lehrer krank und wir mussten ohne ihn fahren. Ich war sehr traurig. Deswegen wollte ich auch nicht mitfahren. Aber ich musste notgedrungen doch mitfahren. Nach ein paar Tagen ist er doch noch nachgekommen.

Nach dem Essen müssten wir in unsere Schlafräume gehen, um uns auszuruhen. Auf einmal öffnete sich ganz leise die Türe und unser Lehrer kam herein. Dann trat er an mein Bett, streichelte mich und sagte zu mir, dass er schon da sei und ich soll weiterschlafen. Dann deckte er mich zu und ging.

Zuletzt machten wir noch einen Ausflug nach Baden, in den Kurpark. Das letzte Jahr bekamen wir zu unserem Bedauern einen anderen Lehrer. Dieser Lehrer war auch ganz nett. Unser Lehrer unterrichtete wieder die erste Klasse. Manchesmal durfte ich ihn besuchen.

Nach der Schulzeit hielt unsere Freundschaft noch viele Jahre. Zweimal im Jahr besuchten meine Mutter und ich ihn in der Schule. An einem Sonntag besuchte er mich bei mir zuhause. Als ich ihn wieder besuchen wollte, musste ich erfahren, dass er wegen schwerer Krankheit in die Frühpension gegangen war. Ein paarmal war ich noch in der Schule, um nachzufragen wie es ihm ginge. Dann wurde auch meine Mutter krank und starb.

Ich bin dann ins Heim gekommen und eines Tages, als mein Vater mich besuchte, brachte er ein Foto mit einem Zettel. Darauf stand: "Liebe Grüße von Erich Knob." Auf diesem Foto war mein geliebter Lehrer drauf. Mein Vater erzählte mir, dass mein Lehrer mich besuchen wollte. Doch er traf von uns niemanden an. Zufällig waren die Nachbarn zuhause und er übergab ihnen einen Zettel und das Foto. Das Foto hängt eingerahmt bei mir auf der Wand. Den Zettel behüte ich wie ein Dokument. Wie einen Schatz. Von einem Schulkollegen habe ich erfahren, dass er gestorben ist.

Mein Lebensgefährte

Fast über 30 Jahre führe ich eine glückliche Beziehung mit meinem Freund Pepi. Wir haben uns im Wohnheim Rodaun kennengelernt. Ich bin neu eingezogen und fühlte mich einsam. Es war in der alten Hochstraße eine Werkstatt. In dieser Werkstatt haben wir zwei mit anderen Klienten gearbeitet. Gleich am ersten Tag lernte ich den Willi kennen. Willi und ich freundeten uns an, aber diese Beziehung hielt nur kurze Zeit. Er zog zu seiner Mutter nach Tirol.

Eines Tages fuhren von der Werkstatt aus auf Urlaubsaktion in die Steiermark. Wir blieben eine Woche und jeden Abend gab es eine

Disco. Am ersten Abend saß Pepi an dem Tisch beim Plattenspieler. Ich nahm ihn bei der Hand und fragte, ob er mit mir tanzen will. Von diesem Abend an begann unsere lange Beziehung.

Doch sie wurde von Pepis Bezugsbetreuerin immer wieder unterbrochen. Sie meinte, wir passen nicht zusammen. Ich vermute, dass sie im Pepi mehr gesehen hat, als nur einen Klienten und vielleicht war sie eifersüchtig auf mich. Stundenlang verbrachte sie beim Pepi im Zimmer. Was die beiden gemacht haben? Das ist nicht zu beweisen. Auf die Idee brachten mich eigentlich die Betreuer. Ich wollte und konnte es mir nicht vorstellen. Weil es ist verboten, wenn ein Betreuer mit einem Klienten eine Liebesbeziehung eingeht. Warum nichts unternommen wurde, frage ich mich heute noch. Vielleicht hatte es gar nicht gestimmt. Unsere Liebe war und ist so groß, dass sie schon vieles ausgehalten hat. Dass es dem Pepi so ging wie mir, kam ich erst durch viele Liebesbeweise darauf. Die ich zuerst nicht bemerkte und nicht verstand.

Der erste Liebesbeweis war mit dem Stoffhund. Eines Tages wurde festgestellt, dass unser Heim Baumängel hatte und abgerissen werden sollte. Deswegen mussten wir aus unserem Heim ausziehen. Ein Teil der Klienten zog nach Prein an der Rax und der Rest zog nach Atzgersdorf ins Jugendzentrum. Den letzten Abend vor dem Umzug kam ich in den Speisesaal, um zu essen. Ich setzte mich zum Pepi und er sagte zu mir: "Wir ziehen zusammen nach Atzgersdorf." Dann erzählte er mir, dass er beim Umzug mithilft. Ich gab ihm zur Antwort, ob er schauen würde dass meine Sachen und mein großer Stoffhund mitkommt. Da sagte er, ja, er wird alles mitnehmen. Bevor ich schlafen ging, packte ich die restlichen Sachen in eine Schachtel und stellte sie auf den Gang. Zuletzt setzte ich den Hund darauf. In der Früh fuhr ich mit dem Fahrtendienst wie gewohnt in die Werkstatt. Am späten Nachmittag brachte mich der Fahrtendienst ins Jugendzentrum. Eine Betreuerin wartete schon am Eingang auf mich. Sie zeigte mir mein Zimmer und da sah ich den Stoffhund bereits auf meinem Bett sitzen.

Ich teilte das Zimmer mit der Elisabeth. Meistens fuhr Elisabeth am Wochenende zu ihren Eltern und ich war allein im Zimmer. Manchesmal verbrachten Pepi und ich gemeinsam die Abende in Fernsehraum. Mit der Zeit kamen wir uns ein wenig näher.

Im Jugendzentrum verbrachten wir ca. ein halbes Jahr. Kurz vor Weihnachten wurde auch das Jugendzentrum umgebaut und so mussten wir nach Heiligenkreuz ziehen. Die WG in der Gatterederstr. war noch nicht ganz fertig und es dauerte eine Weile, bis Christel, Robert, Erika und ich einziehen konnten. Eigentlich sollte ich in ein anderes Wohnheim ziehen. Doch ich lehnte ab, weil ich verstand mich mit den vier Klienten so gut, dass ich mit ihnen auch mit in die WG wollte. Außerdem spürte ich immer, dass mit Pepi und mir eine Verbindung bestand. Zu schnell gebe ich nicht auf, habe ich mir damals gedacht, und der Kampf hat sich ausgezahlt.

Die Zeit in Heiligenkreuz verlief nicht so gut, wie ich es mir vorstellte. Die Betreuer sorgten dafür, dass ich mit dem Pepi nicht viel Zeit verbringe. Dadurch zog ich mich zurück. Trotzdem feierte ich Weihnachten mit ihnen. Dann kam der Tag des Abschieds und ich konnte mich nicht einmal von Pepi verabschieden. Wir sahen uns aber immer wieder und redeten miteinander.

Nach einem Jahr konnte auch die WG Fröhlichg. bezogen werden und so war Pepi in meiner Nähe. Wir konnten und durften uns gegenseitig besuchen. Am Anfang war seine Bezugsbetreuerin Leiterin in der WG Fröhlichg.. Aber durch einen schwerwiegenden Fehler von ihr, wurde sie von Jugend am Werk gekündigt. Die Geschichte von Pepi und mir wurde auch aufgeklärt.

Erst als ich umgezogen bin von der Gatterederstr. in die Canevalestr., fing unsere Beziehung so richtig an. Gleich die ersten Weihnachten durfte ich mit Pepi in der WG Fröhlichg. verbringen. All die Jahre vorher verbrachte ich Weihnachten bei meinem Vater. Aber wegen einem Streit mit der Lebensgefährtin meines Vaters diesmal nicht. Beim Streit ging es um den Umzug in die Garconniere. Es kam zu einem Missverständnis zwischen der Lebensgefährtin und mir. Sie war dagegen, dass ich in eine Garconniere mit Betreuung ziehe. Ich hatte dazugesagt wie es eigentlich ist, mit der Wohnung. Erst wie mein Vater von den Betreuern aufgeklärt wurde, dann durfte ich doch umziehen. Aber trotzdem war ich böse auf die beiden und wollte sie nicht mehr sehen. Es dauerte eine Zeit, bis ich wieder mit meinen Vater redete. Von da an feierte ich jedes Jahr Weihnachten mit meinen Freund. Meistens, bevor er kam, war der Christbaum aufgeputzt. Die Betreuer haben uns zum Essen in der WG eingeladen und es wurde groß aufgekocht. Nach dem Essen gab es Geschenke. Am Christtag fuhr er wieder in seine Garconniere und er kam zu Silvester wieder.

Nur jedes zweites Wochenende schlief Pepi bei mir. Doch jeden Sonntag kommt er zu mir und manchesmal unternehmen wir zusammen was. Die Geburtstage werden mit Essengehen groß gefeiert. Ich finde, unsere Beziehung wird immer schöner und inniger. Pepi ist ein wahrer Freund und unterstützt mich, wo er kann. Er ist ein guter Zuhörer und ein verständnisvoller Mann. Auch diese Coronakrise hat unser Liebe bestanden. Wir konnten uns wochenlang nicht sehen, nur telefonieren. Als die Krise doch etwas lockerer wurde, konnten wir uns am Sonntagnachmittag mit Abstand sehen. Er sagte am Telefon immer wieder, dass er sich sehnte danach, mich wieder in seine Arme zu nehmen und er würde gerne mit mir alt werden.

Liebe fragt nicht nach dem Alter

Julian war ein Zivildiener beim Spastiker-Verband. Zuerst hatte neun Monate sein Bruder Mario Zivildienst gemacht. Ich glaube, es war Ostermarkt, oder doch Weihnachtsmarkt? An diesem Tag kam Marios Mutter mit seinem Bruder Julian. Gleich auf Anhieb hatte er mir gefallen. Vielleicht war es Liebe auf den ersten Blick. Die Mutter von beiden Brüdern war sehr oft im ÖVSE auf Besuch. Dann endete der Zivildienst von Mario. Es dauerte eine Zeit bis der Zivildienst von Julian begann.

Am Morgen hatte ich ein gutes Gefühl und ich war gut gelaunt. Ich wusste, dass ein neuer Zivildiener kommt, aber dass der Julian es war, das wusste ich nicht. Erst zu Mittag ist er in unsere Gruppe gekommen. Fast wäre ich schon vom Fahrtendienst abgeholt worden. Ich und Julian verstanden uns von Anfang an sehr gut. Er sagte immer: „Liebe fragt nicht nach dem Alter."

Wir gingen fast jeden Tag am Vormittag einkaufen. Jeden Tag durfte wer anderer gehen. Es gab einen Einkaufsplan, aber trotzdem gab es unter den Klienten Streit. Mein Einkaufstag war immer montags. Das ganze Wochenende freute ich mich auf Montag und auf den Einkauf mit Julian. Manchesmal machten wir zwei alleine größere Ausflüge oder erledigten private Besorgungen.

Dann kam der Tag mit dem Song Contest. Ein paar Tage vorher fragte ein Betreuer, ob ich Lust hätte, zum Halbfinale in die Stadthalle zu gehen. Es gäbe Freikarten. "Aber du musst zunächst jemanden finden, der dich zum Song Contest begleitet." Ich dachte gleich an Julian. Am nächsten Tag fragte ich den Julian, er war gleich bereit, mich zum Halbfinale zu begleiten. Er machte mich auch aufmerksam, dass er erst einen wichtigen Weg hatte und deswegen erst zu Mittag kommen wird. Es ging schon auf Mittag zu und Julian war noch nicht da. Ich begann mir Sorgen zu machen und dachte, wo bleibt Julian? Endlich kam er und wir starteten gleich los. Um 15 Uhr fing das Halbfinale an. Eine halbe Stunde vorher war Einlass, danach wurden die Türen geschlossen. In der Früh nahm ich meinen Rollstuhl in die Werkstatt mit. Vor der Stadthalle hat es sich abgespielt. Viele Sicherheitskräfte und die Polizei standen schon außerhalb und innerhalb der Stadthalle. Wir mussten schon vor der Stadthalle die Karten herzeigen. Ich habe mich damals gefragt, ob wir überhaupt in die Stadthalle dürfen.

Als wir in der Stadthalle waren, verspürte ich Hunger. Ich hatte zu Mittag vor lauter Aufregung kaum etwas gegessen. Es gab Gulasch, aber ich wollte mein schönes Kleid nicht schmutzig machen. Deswegen besorgte mir Julian eine große Brezel und etwas zu trinken. Nach eine Weile kam eine junge Frau. Es stellte sich heraus, dass die junge Frau eine Freundin von Julian war. Sie half den Leuten, die richtigen Plätze einzunehmen. Uns half sie den Aufzug zu finden. Die Freundin begleitete uns bis zu unserem Platz.

Vorher machte sie ein paar Fotos von uns. Es dauerte eine Weile, bis das Halbfinale begann. Zuerst begann Conchita Wurst zu singen, über sie habe ich mich damals am meisten gefreut. Eigentlich bin ich nur wegen ihr in die Stadthalle gegangen. Ich glaube, 24 Beiträge waren im Finale. Der Österreichische Beitrag war nicht im Halbfinale dabei, obwohl die Gruppe "The Makemakes" gar nicht so schlecht war. Mir hat der Beitrag ganz gut gefallen. Eine Zeitlang war das Lied mein Lieblingslied. Wenn ich das Lied gehört habe, dann erinnerte es mich an die schöne Zeit mit Julian. Ich habe mir sogar eine CD gekauft, nur wegen dem Lied. Seit ich YouTube habe, höre ich es mir ab und zu an. Dann begann für mich eine kurze, aber eine schöne Zeit. Zum

Abschied gingen Julian und ich in die Bücherei bei der Stadthalle. Manchesmal kam er als Überraschungsbesuch in die Werkstatt.

Böhmischer Prater

Bevor Julian von uns Abschied nahm, haben wir zwei einen Ausflug geplant. Ein paar Tage zuvor kam Julian in die Werkstatt. Er fragte mich, wo ich hin will. Ich sagte: "In den Böhmischen Prater. Ich hatte Urlaub, und so holte mich Julian am Vormittag von zuhause ab. Warum wir damals umständlich fuhren, das habe ich erst später erfahren. Zuerst kamen wir auf eine große Wiese. Auf einer Bank ruhten wir uns aus. Dann gingen wir zurück zum Riesenrad und fuhren eine Runde. Anschließend gingen wir essen. Nach dem Mittagessen gingen wir auf ein Eis.

Wir blieben eine Zeitlang per E-Mail in Kontakt.

Der verregnete Tag

Ein Jahr darauf ging es ins Kunsthistorische Museum. An diesem Tag hat es stark geregnet und wir wussten nicht so recht, was wir unternehmen sollten. Mir fiel nur ein Museumsbesuch ein. Damals dachte ich mir, Hauptsache, ich kann wieder einmal einen Tag lang mit Julian verbringen.

Er holte mich von zuhause ab. Mit der U-Bahn fuhren wir in die Innere Stadt. Dann gingen wir ein Stück zu Fuß. Von Weitem sahen wir eine Menschenschlange vor dem Kunsthistorischen Museum. Da beschloss Julian, dass ich beim Eingang auf ihn warten sollte. Ich hatte meinen Rollstuhl mit und über die Stiege ist es mit dem Rollstuhl schwierig. Aber es gab einen Seiteneingang und einen Lift. So konnten wir ohne Mühe ins Museum gelangen. Julian fragte mich, was ich mir anschauen möchte. Ich entschied mich für die Schatzkammer. Wir waren eineinhalb Stunden in der Schatzkammer.
Nach dem Museumsbesuch waren wir noch Essen. Ich genoss die Zeit mit Julian. Er fragte mich, ob ich das nächste Mal ins Sisi-Museum

gehen will. Aber dazu kam es leider nicht mehr. Julian ging für zwei Jahre nach Frankfurt.

Zum Abschluss haben wir noch Abschied gefeiert. Ich war sehr traurig, doch dachte mir, weil ich ihn liebe, lasse ich ihn ziehen. Im Gegenteil, es gibt ein Lied von Gitte Henning: "So schön kann doch kein Mann sein." Das habe ich ihm zum Abschied vorgespielt. Dann erzählte ich ihm noch, von dem Igor Jeftic. Vielleicht war Julian ein wenig eingeschnappt? Ich habe ein paarmal versucht ihm eine E-Mail zu schreiben, doch in der letzten Zeit meldet er sich nicht mehr. Manchesmal denke ich an Julian und an unsere schöne Zeit.

Goodbye My Love

Gesungen von Mireille Mathieu und Peter Alexander. Weil ich glaube, dieses Lied passt gut zu meiner Geschichte.

Viele Jahre ist es schon her, dass ich in Jerusalem war. Als wir in das Flugzeug einstiegen, hörte ich eine Stimme, die sagte meinen Namen. Maria. Ich schaute mich um und sah den Johann. Den Johann kenne ich von Lourdes. Aber er behauptet, wir kennen uns schon von Rom. Seit ich ihn wiedergetroffen habe, denke ich immer nach, warum ich mich nicht an ihn erinnern konnte, nur an die schöne Stadt Rom konnte ich mich erinnern. Erst von Lourdes konnte ich mich erinnern.

Am Anfang fand ich ihm unsympathisch und blöd. Doch mit der Zeit fand ich ihn ganz nett. Eines Tages saß er neben mir am Tisch. Er half mir beim Essen, nebenbei fragte er mich, ob ich gerne Musik höre. Ich gab ihm zur Antwort, dass ich sehr gerne Musik höre und darauf schaltete er sein Handy ein. Ein paar Lieder spielte er auch, "Atemlos durch die Nacht" von Helene Fischer. Am letzten Tag in Lourdes bekamen wir alle ein Abschiedsgeschenk von ihm. Es ist ein Magnet mit der Gottesmutter und Bernadette. Das hängt noch immer bei mir zuhause auf der Heizung. Seit der letzten Begegnung halte ich es in Ehren. Ein Jahr darauf bin ich wieder nach Lourdes geflogen. In der Meinung, den Johann wiederzutreffen. Aber vergeblich, bei dieser Pilgerfahrt war der Johann nicht dabei. Ich fragte nach ihm, doch ich bekam zur Antwort, dass er diesmal keine Zeit hätte. Ich dachte mir, weil er Pilot ist, wird er vielleicht einen Flug haben. Eine Zeitlang dachte ich nicht mehr an ihn. Ich vergaß damals völlig auf ihn.

Erst in Jerusalem sind wir ins Gespräch gekommen. Diese Pilgerfahrt wurde eine sehr schöne Reise und überhaupt, die letzten Tage waren die schönsten für mich. Johann kümmerte sich liebevoll um mich. Wenn er mich alleine im Rollstuhl wo stehen sah, fragte er mich, ob er mich schieben darf. Oder er half mir beim Aussteigen vom Bus. In Bethlehem trug er mich in die Geburtsgrotte und setzte mich auf den Boden, damit ich den Stern berühren konnte.

In Akkon besichtigten wir eine Burg. Dort fanden wir ein altes Spiel. Wieder einmal bin ich dem Richard und der Sigrid abhanden gekommen. Das passierte öfters und manchesmal kam es vor, das Hemma oder Steffi für mich keine Zeit hatten. Dann fragten sie mich, ob es in Ordnung ist, dass mich die Sigrid betreut. Eigentlich waren die beiden für mich zuständig. Ich war notgedrungen einverstanden. Weil ich wurde von ihnen überbetreut und das will ich überhaupt nicht. Manchesmal hatte mich Johann übernommen. In der Burg ist auf einmal die Linda mit mir gefahren. Dabei sind wir beim alten Spiel vorbei gekommen. Auch Johann spielte mit seinem Klienten. Zu viert spielten wir dieses Spiel.

Auf einmal begann Johann mir von seiner großen Liebe zu erzählen. Dass sie auch Maria geheißen hat. Aber leider wurde nix daraus. Ich dachte mir: "Warum erzählt er das ausgerechnet mir?" (Komisch?) Am letzten Abend sagten Hemma und Steffi zu mir: "Heute soll der Johann dich ins Bett bringen." Mir war es zuerst gar nicht recht. Ich habe mich überreden lassen.

Hemma zog mich aus und setzte mich noch einmal in den Rollstuhl. Dann holte sie den Johann, er nahm mich in seine Arme und legte mich ins Bett. Er deckte mich zu und setzte sich zu mir. Dann begann er von seinen beiden Söhnen zu erzählen. Ich fragte ihn, warum er diesmal nicht in Lourdes dabei war. Da antwortete er, das er nur jedes zweite Jahr mitfahren darf. Das nächste Mal wieder nach Rom. Dann fragte er mich, ob ich auch wieder mitfahre. Ich sagte zu ihm, dass ich es nicht weiß. Mir geht es in der letzten Zeit nicht mehr so gut. Dann schaute er mich traurig an und fragte, warum? Steffi gab ihm zur

Antwort: "Wegen ihrer Schmerzen." Zum Schluss beteten wir zusammen.

Bevor er ging, wünschte Johann mir eine schöne Gute Nacht. Es war eine sehr schöne Zeit und ich denke an diese Zeit sehr gerne zurück.

Nicht ohne meine Tochter

Vor ca. 30 Jahren habe ich diesen Film gesehen und dazu etwas geschrieben. In dem Film handelt es sich um eine Frau und einen Mann. Der Mann kam aus dem Iran und die Frau aus Deutschland und sie hatten eine gemeinsame Tochter. Es kam zur Scheidung und die Tochter wurde dem Mann zugesprochen. Obwohl die Frau um ihre Tochter gekämpft hatte. So fing damals meine Geschichte an. Doch diese Geschichte durfte ich nicht bei Jugend am Werk in die Zeitung geben. Angeblich war sie so gut geschrieben, dass meine Betreuer in der WG gemeint hatten, die Geschichte gehört in die Zeitung. Leider wurde es mir von der Werkstatt aus verboten. Die Sekretärin hat sich aufgeregt, weil es handelte um sie und einen Zivildiener. Wir beide, die Sekretärin und ich haben uns gemeinsam in den Zivildiener verliebt. Das geht auf keinen Fall gut. Diana und ich haben uns sehr gut verstanden und wir waren fast beste Freundinnen.

Meine Geschichte begann mit dem Umzug von der Kirchstetterng. in die Aufhofstr.. Der Zivildiener war neu und er erzählte, dass sein Vater aus dem Irak kam. Aber er ist in Wien geboren und seine Mutter war auch Wienerin. Als er geboren wurde, ging die Familie wieder in den Irak zurück. Nach ein paar Jahren sind sie wieder nach Österreich zurückgekommen und von da an ist seine Familie geblieben. Mohammed und ich verstanden uns von Anfang an sehr gut, fast jede Minute verbrachten wir zusammen.

Jeden Dienstag war Unterricht. Weil die Gruppe zu groß war, wurde die Gruppe geteilt. Ein paar Klienten gingen zu der Cordula und der Rest war beim Mohammed. So hieß der Zivildiener. Zuerst bin ich bei der Cordula geblieben und dann habe ich zum Mohammed gewechselt. Cordula hat Deutschunterricht gemacht und Mohammed hatte Mathematik unterrichtet. Schon in der Schule war ich in

Mathematik gut. Doch es war lange her, seit ich in der Schule war und ich habe vieles vergessen. Ich habe auch vieles dazugelernt. Zum Beispiel die Primzahlen oder Bruchrechnungen und zum Schluss Gleichungen und Wurzelziehen. Es war eine schöne Zeit.

Einmal im Monat hatte er mich in meiner Wohnung besucht. Leider ist die Susi mitgekommen. Susi hat mitbekommen, dass ich Mohammed einlud und sie wollte unbedingt immer mitkommen. Mir war es nicht so recht. Aber ich wollte nicht unhöflich sein. Susi war eine Kollegin aus der Werkstatt und saß im Rollstuhl. Deswegen musste Mohammed sie zuerst von zuhause abholen und dann sind die beiden zu mir gekommen. Ab und zu war mein Freund auch dabei. Am 12. Dezember hat Mohammed Geburtstag gehabt und deswegen habe ich ihn zu mir eingeladen. Ich hatte einen Nudelsalat gemacht und einen Punsch mit Alkohol. Weil ich damals nicht wusste, das Mohammed aus religiösen Gründen keinen Alkohol trinken darf. Susi und ich mussten den Punsch ganz alleine trinken und dann bekamen Susi und ich einen Schwips. Das Gesicht von der Susi war rot angelaufen. Zu meinem 45. Geburtstag lud ich Mohammed und meinen Freund Pepi ein und wir gingen zu dritt essen. Von Mohammed bekam ich ein Buch als Geschenk.

Als sein Zivildienst zu Ende war, feierten wir in der Werkstatt Abschied. Doch er verlängerte seinen Dienst und blieb zu meiner Freude länger. Dass er bereits mit der Sekretärin zusammen war, erfuhr ich beim Weihnachtsmarkt. Warum er es mir überhaupt sagte, das verstehe ich bis heute nicht. Es wäre mir viel erspart geblieben. Diana und ich waren gute Freunde. Er hat alles zerstört. Nach einiger Zeit verließ sie uns auch. Manchmal mache ich mir Vorwürfe. Weil ich glaube, dass ich schuld bin, dass sie gegangen ist. Ich habe erfahren, das die beiden nicht mehr zusammen sind.

Für dich soll's rote Rosen regnen

Diese Geschichte ist als kleines Dankeschön für drei Menschen gedacht, die ich sehr schätze und liebe. Eigentlich soll die Überschrift heißen: "Für euch soll' s rote Rosen regnen." Weil es gibt für mich drei Menschen in meinem Leben, denen habe ich viel zu verdanken.

Als erster ist mein Lebensgefährte Pepi. Mit dem bin ich über dreißig Jahre zusammen. Ich habe schon viele Beziehungen gehabt. Alle Beziehungen haben nicht lange gedauert. Nur mit Pepi hatte ich Glück. Am Anfang musste ich mir diese Freundschaft erkämpfen. Doch es hat sich ausgezahlt und heute bin ich glücklich darüber. Pepi ist ein ganz besonderer Mensch. Er hilft mir, wo er kann und ist sehr liebevoll. Auf ihn kann ich mich hundert Prozent verlassen.

Die zweite Person ist meine Bezugsbetreuerin Monika. Ich wohne in einer Wohngemeinschaft mit Menschen mit Mehrfachbehinderung. Ein jeder Klient hat einen Bezugsbetreuer. Sie helfen uns, im Leben zurecht zu kommen. Wegen meines zunehmenden Alters brauche ich mehr Hilfe. Neben der Wohngemeinschaft gibt es drei kleine Wohnungen für Klienten, die imstande sind, einmal alleine zu wohnen. Ich wohne in einer solchen Wohnung. Mir gefällt es so gut in der Wohnung mit Garten, dass ich über das Ausziehen nicht nachdenke. Dank meiner Betreuerin konnte ich mich neu einrichten. Wir zwei gehen gerne shoppen und machen gerne Ausflüge. Sie hat mir ermöglicht, dass ich einen Besuchsdienst und eine Putzfrau habe. Eigentlich bin ich für die sechs Betreuer in der Wohngemeinschaft sehr dankbar.

Die dritte im Bunde ist der Besuchsdienst Maria. Schon seit ein paar Jahren kommt jeden Freitag der Besuchsdienst. Anfangs kam die Gerti. Sie war sehr nett und sympathisch. Gerti kam zu Mittag und wir gingen am Anfang Kaffee trinken oder spazieren. Den Einkauf erledige ich schon am Morgen. Doch dann bekam ich starke Schmerzen in den Beinen und konnte nicht mehr alleine einkaufen gehen. Eines Tages kam statt Gerti die Maria. Ich war nicht sehr erfreut darüber. Ich war schon an die Gerti gewöhnt, dass ich keine außer ihr wollte. Das war schon als Kind so, nur meine Mutter war in meinem Leben die Hauptperson. Sie verstand mich am besten. Mit der Zeit habe mich an die Maria gewöhnt und wir sind fast Freundinnen geworden. Sie fragt mich immer, was ich machen will oder was zum Einkaufen ist.

Für Maria, Monika und die Betreuer von der WG, selbstverständlich auch für meinen Freund Pepi soll´s rote Rosen regnen.

Freizeitgeschichten

Ein Wochenende mit Peter Weck

Peter Weck feierte seinen 90 Geburtstag. Aus diesem Anlass spielten das ganze Wochenende seine Filme im Fernsehen. Deswegen nannte ich die Überschrift: "Ein Wochenende mit Peter Weck".

Geboren wurde er am 12. August 1930 in Wien. Er war bei den Sängerknaben. Doch das Singen ist nicht seine Stärke und er singt nur, wenn es wirklich notwendig ist. Bei dem Film "Mariandl" hat Peter Weck zusammen mit Conny Froboess das Lied "Lady Sunshine und Mister Moon" gesungen. Das zweite Lied heißt „Dazu verstehen wir uns zu gut“. Ich finde, er hat eine angenehme Stimme und auf mich wirkt sie sehr beruhigend. Als junges Mädchen fand ich ihn schon sehr sympathisch und ich mochte ihn. Trotz seines hohen Alters finde ich ihn noch immer sympathisch.

Meine Lieblingsfilme sind: "Liebesgrüße aus Tirol" und "Mariandl". Die Partnerin von Peter Weck war Gitte Haenning. Bei dem Film "Mariandl" spielt er einmal den Hofrat Geiger und das zweite Mal spielte er den Sekretär vom Hofrat Geiger und war ziemlich ein Hallodri.

In dem Film "Liebesgrüße aus Tirol" geht es um einen Professor. Er kümmert sich um schwer erziehbare Kinder. In den Ferien fuhr er nach Tirol, in ein Institut für schwererziehbare Kinder. Gestiftet von der reichen Witwe Miss Applewhite. In Kitzbühel soll der Vertrag unterschrieben werden. Zwei Studentinnen reisen dem Professor nach. Eine Studentin, Rena, war heimlich in den Professor verliebt. Rena erfährt, dass der Professor nur als Vater das Institut übernehmen darf. Sie machte sich um fünf Jahre jünger und gibt sich bei Miss Applewhite als Tochter vom Professor aus. Doch die alte Dame kam Rena auf die Schliche. Es kommt zu einem guten Ende.

Dieser Film erinnert mich an meine Schulzeit. Weil ich war selber verliebt in meinen Klassenlehrer.

Manchesmal steht Peter Weck als Regisseur hinter der Kamera. Er holte auch das Musical "Cats" nach Wien. Peter Weck ist ein viel gereister Mann. Er spielte in der Schweiz, Deutschland und Asien. Zuletzt spielte er in München den "Sonny Boy".

Ein Nachtrag zu den Film "Mariandl". Dieser Film ist dreimal verfilmt wurden:

1. Mit Marianne Andergast und Paul Hörbiger.
2. Mit Waltraud Haas und Rudolf Prack.
3. Mit Christine Hörbiger und Peter Weck.

Ein ganz besonderer Sonntag

Eigentlich sollte es ein Sonntag wie jeder andere werden. Mein Freund Pepi schlief an diesem Wochenende bei mir. Am Sonntag sollte am Stephansplatz der Stephanskirchtag sein. Doch wegen der verstärkten Coronagefahr ist der Kirchtag abgesagt worden.

Seit einiger Zeit treibe ich mich sehr gerne am Stephansplatz und am allerliebsten am Franziskanerplatz herum. Angeblich soll Peter Weck am Franziskanerplatz wohnen. Für mich ist es unvorstellbar, von Hietzing, wo viel Grün ist, auf den Franziskanerplatz zu ziehen. Dort ist kein Baum, nicht einmal ein Grashalm. Trotzdem ist er für mich wie ein Magnet-Anziehungs-Platz.

Als wir am Stephansplatz ankamen, suchten Pepi und ich vergeblich den Kirchtag. Wir gingen einmal um die Stephanskirche und dann sagte ich zum Pepi: "Weißt du was? Wir könnten zur Franziskanerkirche schauen, vielleicht gibt es eine Messe?" Es waren nur ein paar Schritte und schon waren wir bei der Kirche. Wir sahen, dass ein paar Leute aus der Kirche herauskamen. Zunächst dachte ich, die Messe wäre schon zu Ende. Doch ich beschloss, trotzdem in die Kirche zu gehen, mich auf eine Bank zu setzen, um zu beten, mich zu bedanken und um Gott um Verzeihung zu bitten. Dann war doch noch eine Messe. Es war eine besondere Messe. Weil eine erwachsene Frau hat sich taufen lassen. Dann hat sie die Kommunion bekommen und zuletzt ist diese Frau noch gefilmt worden. Ich fand es so schön. Sich zu Gott bekennen, glaube ich, kann man immer.

Während der Messe dachte ich mir: "Jetzt wäre es schön, wenn ich zufällig Peter Weck irgendwo sehen könnte." Ich dachte mir: "Lieber

Gott, lass ein Wunder geschehen." Zuhause fiel mir ein, vielleicht spielte er in München Theater (Sonny Boy). Oder ist es vielleicht Peter Weck mit 90 zu beschwerlich, das Haus zu verlassen?

Nach der Messe beschlossen Pepi und ich am Franziskanerplatz Essen zu gehen. Wir waren schon einmal dort, weil ich ein neugieriger Mensch bin und ich bilde mir ein, dieser Platz hat was. Ich fühle mich wohl und ich verspürte auf einmal ein Glücksgefühl. Am liebsten wäre ich noch stundenlang in Lokal gesessen. Am Franziskanerplatz wohnen möchte ich nicht. Wo kein Baum, kein Strauch, nicht einmal Blumen sind.

Man bekommt im Leben nicht alle Wünsche erfüllt

Als junges Mädchen wollte ich zu Udo Jürgens in die Stadthalle auf ein Konzert gehen. Mein Vater hatte es mir fest versprochen. Zuvor ging ich shoppen und kaufte mir ein hellblaues Strickleid. Dann wollte mein Vater die Karten besorgen. Doch die Karten waren für ihn zu teuer und deswegen ist es mit dem Konzert nichts geworden. Ich war damals sehr traurig und wütend auf meinem Vater. Mein Vater war Alleinverdiener und ich glaube, es hätte 100 bis 200 Schilling, oder noch mehr, gekostet. Das war angeblich die letzte Reihe. Das war meinem Vater zu teuer.

Doch es bestand die Möglichkeit, mit meinen Kolleginnen zum Freddy-Quinn-Konzert zu gehen. Weil meine Freundin war ein großer Fan von Freddy und mir gefallen seine Lieder ganz gut. Mein Vater hatte ein paar Schallplatten und wir spielten sie. Eines Tages meinte unsere Betreuerin, wir sollten dem Freddy Quinn schreiben, um Ermäßigung. Ich habe dann einen Brief aufgesetzt und Edith, meine Freundin, hat es noch einmal schön abgeschrieben. Ich bin mir nicht so ganz sicher, aber ich glaube, wir haben damals sogar Freikarten bekommen.

Mit 14, oder 15, 16, habe ich mich für reifere Männer interessiert. Mein größter Schwarm war damals Joachim Fuchsberger. Mir gefielen bei ihm die grauen Schläfen so gut. Auch vielleicht Richard Gere und Richard Chamberlain. Doch mein Favorit war der Joachim Fuchsberger. Wegen ihm wollte ich auch nach München fahren und so fragte ich meinen Vater, ob er in nächsten Urlaub einen Abstecher nach München fährt. Zur Antwort bekam ich, das wäre viel zu weit und was willst du in München? Aber das habe ich mich nicht getraut zu sagen.

Ich möchte immer noch nach München und nach Rosenheim, weil in München ist das Filmstudio Bavaria und ich habe gehört, dort ist immer jemand von den Darstellern anwesend. Nach Rosenheim wäre ich an diesem Wochenende gefahren. Leider ist meine Begleiterin krank geworden und wir mussten es verschieben. Ich habe ihr vorgeschlagen, dass ich gerne zu meinem Geburtstag fahren würde. Das wäre für mich das schönste Geburtstagsgeschenk, ein Traum.

Warum ausgerechnet Rosenheim? Ich habe mich nämlich in einen Schauspieler verliebt. Er heißt Igor Jeftic und spielt den Herrn Sven Hansen bei den Rosenheim-Cops. Wenn ich mir vorstelle, dass ich beim Spaziergang durch die Stadt dem Igor begegne, ich weiß nicht, was ich dann mache! Ich hoffe, dieser Wunsch geht irgendwann in Erfüllung. Er besteht aus 99% Hoffnung. Außerdem ist die Vorfreunde die schönste Freude!

Ausflug nach Perchtoldsdorf

Es war an einem Montag, da fuhr ich mit einem Betreuer von der Seniorengruppe nach Perchtoldsdorf. Deswegen nahm ich meinen Rollstuhl mit und wartete auf den Fahrtendienst. Doch der Fahrtendienst hatte, wegen einem Stau, eine halbe Stunde Verspätung. Dass hätte ich noch akzeptiert. Was mich so aufgeregt hatte, war, dass die beiden sagten: "Jetzt rauchen wir noch eine und dann fahren wir weiter." Die beiden waren eine Fahrerin und ein Fahrer. Die Frau war mir unsympathisch. Sie glaubten, wegen meiner Behinderung bin ich auch geistig behindert und sie redeten mit mir, wie mit einem kleinem Kind. Das mag ich schon gar nicht.

Obwohl es zu tröpfeln anfing, gingen Björn und ich nach Perchtoldsdorf. Das Wohnheim in Rodaun steht fast an der Grenze von Niederösterreich und es sind nur ein paar Schritte, dann ist man schon

in Perchtoldsdorf. Leider fing es stark zu regnen an und wir sind nur bis zur Burg. Eigentlich wollte ich ins Eisgeschäft gehen. Blöderweise hatte ich kein Geld einstecken. Da beschlossen wir umzukehren. Auf dem Rückweg gingen wir durch den Park zum Ententeich. Gleich kamen die Enten geschwommen, in der Meinung, jetzt gibt es Futter. Aber wir hatten kein altes Brot mit. Wir wurden bis auf die Haut nass und in der Seniorengruppe musste ich mich umziehen.
Björn fragte mich, warum ich mich so gut in Perchtoldsdorf auskenne. Ich erzählte von meinen Großvater, väterlicherseits. Mein Großvater war Bildhauer und wohnte eine Zeitlang in Perchtoldsdorf. Als junge Frau gefiel mir Perchtoldsdorf so gut, dass ich bei meinem Großvater den Urlaub verbrachte. Nach der Weihnachtszeit verbrachte ich ein paar Tage bei meinem Großvater. Meine Eltern fuhren manchmal nach Hallein, aber ich wollte nicht mitfahren. So zog ich es vor, zum Großvater zu fahren.

Am 3. August feierte mein Großvater Geburtstag. Darum blieb ich ein paar Tage bei ihm. Er hatte eine Katze und ein paar Zwergpapageien. Die Katze ist ihm im Augarten zugelaufen und sie wich nicht mehr von seiner Seite. Eine Zeitlang war die Katze bei seiner Freundin in der Wohnung. Aber in der Wohnung hatte es der Katze nicht gefallen und so ist sie wieder zum Großvater gekommen. Viele Male zog mein Großvater mit ihr um, doch die Katze hatte sich gleich eingewöhnt. Wenn der Großvater außerhalb arbeiten musste, wurde die Katze in seinen Rucksack gesteckt und die beiden sind auf dem Motorrad gefahren. Als ich die erste Nacht bei meinem Großvater verbrachte, da schlief die Katze auf meiner Brust. Am Morgen erzählte ich es dem Großvater, er sagte zu mir, dass sie es gerne tut und ich brauche keine

Angst von ihr zu haben. Sie ist ganz eine liebe. Jeden Morgen hat die Katze die Freundin vom Großvater aufgeweckt. Sie hat so lange mit ihren Pfoten durch das Haar der Freundin gefahren, bis sie endlich aufstand. Wir wussten nicht, wie alt die Katze war. Sie lebte ca. 18 Jahre bei meinem Großvater.

Musik

Ohne Musik kann ich mir mein Leben nicht vorstellen.

Egal wie spät es ist, mein erster Weg am frühen Morgen ist zum Radio. Schon als Kind musste den ganzen Tag das Radio spielen. Zum Leidwesen meiner Mutter. Manchesmal habe ich auch beim Aufgabeschreiben das Radio aufgedreht. Das hatten meine Eltern nicht gerne gesehen. Einmal begann mein Vater mit mir zu schimpfen. Ich höre gerne alte Schlager, aber auch die neuen Schlager höre ich gerne. Es kommt vor, dass ich ganz bestimmte Lieder sehr oft anhöre. Zum Glück besitze ich einen Laptop mit YouTube. Ich habe verschiedene Lieblingssänger. Peter Weck wurde 90. Und deswegen hat es ein Wochenende nur Peter-Weck-Filme gespielt und seitdem höre ich alle Lieder, die in den Filmen vorkamen.

Es ist schon viele Jahre her, dass ich im Konzert war. Das erste Konzert war in der Stadthalle, beim Freddy Quinn. Es war ein Zufall, dass ich zwei Karten zum Finale beim Song Contest bekam. Leider hat die Gruppe "The Makemakes" verloren. Ich fand persönlich, dieser Song "I Am Yours" war nicht so schlecht. Eine zeitlang war es mein Lieblingslied. Von da an begann mit meinem Begleiter eine kurze, aber schöne Freundschaft. Auch diese Geschichte ist mit Musik geschrieben worden.

Die Weihnachtsfeier

Am 14. Dezember war in der Rochus-Kirche die Weihnachtsfeier. Ich fragte schon vorher die Maria, ob sie mich begleiten möchte. Sie antwortete, dass sie mich sehr gerne begleitet. Zuerst fragte ich meinen Freund Pepi, aber er hat abgelehnt. Jetzt bin ich ganz froh darüber. Wegen dem Johann, weil ich habe ihn bei der Weihnachtsfeier getroffen.

Im Vorjahr wollte ich zur der Feier, aber irgendwie hat es nicht geklappt. Doch heuer war ich schlauer und schrieb an die Malteser um die Programme für das ganze Jahr. Und so wusste ich rechtzeitig wann die Feier ist und bestellte mir schon eine Woche zuvor den Fahrtendienst. Um sicher zu gehen, schrieb ich noch einmal. Jedoch Maria und ich warteten fast eine Stunde auf den Fahrtendienst. Ich dachte mir, dass es diesmal wieder mit der Rochus-Kirche nix wird. Nach einer dreiviertel Stunde kam endlich der Fahrtendienst. Dragan, der Fahrer, hat sich entschuldigt und dann erklärte er uns, warum er zu spät gekommen ist. Dadurch kamen wir zur Messe zu spät.

Heimlich schaute ich mich in der Kirche um, ob ich vielleicht den Johann sehe. Ganz zum Schluss der Messe entdeckte ich ihn. Ich begann zu lächeln, das hat Maria gleich bemerkt und fragte: "Ist Johann da?" Ich war so glücklich, weil ich ihn über ein Jahr nicht gesehen habe und die Freude war groß. Doch ich habe mich auch über Agnes und auch auf die anderen Malteser sehr gefreut.

Nach der Messe gingen wir zum Saal, dort bekamen wir eine Jause. Maria fragte mich, wo ich sitzen will. Ich antwortete: "Zu meinem Arbeitskollegen und seiner Mutter.“ Wenn ich gewusst hätte, dass Johann am nächsten Tisch beim Christoph saß, hätten Maria und ich mich zum Christoph gesetzt. Zuerst hatte mich Johann gar nicht bemerkt. Eine Malteserin musste ihn auf mich aufmerksam machen, bis er mich endlich entdeckt hatte.

Als er mich sah, kam er zu uns, um uns zu begrüßen. Dann fragte er mich nach dem Artikel in der Zeitung Kunterbunt und was ich über ihn geschrieben habe? Ich war sehr überrascht, fast peinlich, und außerdem wollte ich nicht, dass er etwas von der ganzen Geschichte erfährt. Dann fragte er, wo die Geschichte ist und was ich geschrieben habe. Und ob ich es ihm mitbringe zum Lesen. Aber ich habe gleich abgelehnt. Ich sagte zu ihm: "Das ist mein Geheimnis." Ich glaub, das war sehr blöd von mir. Ich hätte dem Johann erklären können, dass diese Geschichte von unserer Pilgerfahrt über Israel und Bethlehem handelt. Ganz zufällig kommt er auch vor. Johann sagte zu uns, dass er noch einmal kommen würde. Doch er kam nicht. Schade, weil ich hätte ihm gerne gesagt, dass ich ihn heuer vermisst habe und ob er im nächsten Jahr nach Rom mitfährt. Wir konnten uns nicht mehr verabschieden von ihm. Trotzdem war es ein schöner Tag.

Der Heilige Leopold III, Markgraf von Österreich

Der Heilige Leopold (1073 – 1135) war der Erbauer vom Stift Klosterneuburg. Agnes, seine Frau, verlor bei der Hochzeit den Brautschleier. Der Wind trug ihn tief in den Wald hinein und er blieb in einen Gebüsch hängen. Nach vielen Jahren, bei der Jagd, fand er auf einem Gebüsch den unversehrten Brautschleier seiner Frau. Aus Dankbarkeit beschloss der Heilige Leopold auf dieser Stelle ein Stift zu erbauen.

Jedes Jahr am 15. November wird der Heilige Leopold gefeiert. An diesem Tag ist auf dem Rathausplatz ein Markt mit Standln und Ringelspielen. Am Leopolditag haben die Kinder schulfrei. Der Schleier wird in einer Vitrine aufgehoben und ist im Stift zu besichtigen. Für mich ist es jedes Jahr ein Pflichttermin. Schon als Kind bin ich mit meinen Eltern gegangen und obwohl ich schon 68 bin, fahren mein Freund und ich an diesem Tag noch sehr gerne nach Klosterneuburg.

Die Verbindung ist, mit der U6 zur Längenfeldg., dort umsteigen zur U4 bis Heiligenstadt und dann mit dem Bus nach Klosterneuburg, das geht ganz gut. Zuerst machen wir einen Rundgang über den Markt und dann gehen wir ins Stift-Café eine Kleinigkeit essen.

Anschließend sind wir zu der Kirche gegangen und mein Freund hat zwei Kerzen für meine Eltern angezündet. Heuer sind wir noch in den Stifthof gegangen und haben uns den Kräutergarten angeschaut.

Eigentlich suchten wir die Grabstätte vom Heiligen Leopold. Leider fanden wir das Grab nicht. Das Grab soll in einer Kapelle sein. Ich hoffe, dass es mir im nächsten Jahr noch so gut geht, dass ich mit meinem Freund nach Klosterneuburg fahren kann und endlich das Grab finde.

Einem geschenkten Gaul schaut man nicht ins Maul

Das heißt, wenn einem ein Geschenk nicht gefällt, soll man es trotzdem annehmen. Zu meinen 70. Geburtstag wünschte ich mir von meinem Freund einen Gartenzwerg. Mein Freund besorgte mir einen. Doch ich musste mich an den Anblick erst gewöhnen. Der Zwerg ist aus Eisen und sein Gewand ist blau. In der Hand hält er eine Schaufel. Mit der Zeit finde ich den Zwerg ganz schön. Es ist manchesmal sehr schwer, für jemanden ein Geschenk so auszusuchen, sodass es passt. Dieses Sprichwort hörte ich sehr oft von meinem Vater.

Wiener Besuch von den Rosenheim-Cops

An einem schönen Sonntagnachmittag war im Wiener Musikverein ein Konzert. Zufällig war es Vatertag. Mein Freund und auch mein Besuchsdienst Maria mit ihrem Mann sind alle große Fans von der Serie Rosenheim-Cops. Es vergeht fast kein Tag, ohne dass ich diese Serie ansehe. Leider sind es nur die alten Serien und die werden mehrmals wiederholt. Aber trotzdem schaue ich es mir jeden Tag an. Wegen der Frau Stockl. Am Anfang sagt sie immer: „Kommissariat Rosenheim, Stockl am Apparat. Es gab eine Leiche. Wir kommen, bitte fassen sie nichts an." Dann trommelt die Frau Stockl alle Kommissare zusammen, die meiste Zeit sitzen die Kommissare noch beim Frühstück. Der Stadler ist bei der Frau Hofer und der Herr Hansen im Times Square, beim Joe. Der Herr Hansen ist nämlich mein Liebling in der Serie.

Einmal kam es vor, dass die Stockl die Frau Ortmann mit Herrn Hansen zusammen auf dem Segelboot erwischt hatte. Die Frau Ortman spielt in der Serie eine Finanzcontrollerin (gespielt von Diana Staehly) und sie ist sehr streng. Dadurch ist sie nicht sehr beliebt bei ihren Kollegen. Manchesmal kommt es zwischen Frau Stockl und der Frau Ortman zum Streit. Da fliegen die Fetzen.

Der Herr Hansen und die Frau Ortman, sie haben ein seltsames Verhältnis. Sie geht gerne mit Herrn Hansen segeln und trinkt mit ihm gerne Rotwein. Doch wenn er sie fragt, ob es mit ihnen was wird,

bekommt er einen Korb und sie sagt zu ihm, er soll es vergessen. Dazu ist sie unhöflich zu ihm. Die beiden behaupten, dass sie nicht zusammenpassen. Nach einer Weile verlässt Frau Ortman wegen einer interessanteren Arbeit Rosenheim. Frau Ortman dachte nach, wie sie es dem Herrn Hansen beibringen sollte, dass sie Rosenheim verlässt. Anscheinend war er ihr doch nicht ganz egal. Obwohl sie manchesmal kratzbürstig zu ihm war. Sie verabredete sich für den Abend mit ihm. Da tauchte vom Hansen seine Ex auf und die Verabredung fiel ins Wasser. Doch er bekam von der Frau Ortman für den nächsten Tag eine Chance.
Zum Schluss wird der Täter oder die Täterin gefunden und dann sagt der Herr Mohr: "Bitte, wenn Sie mitkommen wollen."

Max Müller spielt den Michi Mohr und ist der dritte Kommissar in der Serie. Er muss machen, was die zwei Hauptkommissare anschaffen. So läuft die Serie ungefähr ab und ist sehr lustig. Marisa Burger, Max Müller, Karin Thaler und der so früh verstorbene Joseph Hannesschläger, spielten von Anfang an mit. Nach und nach kamen weitere Schauspieler nach oder sie haben auch gewechselt.

Ganz am Anfang hat einmal die Frau Stockl selber ermittelt. Igor Jeftic war auch schon der Täter. Bis er die Rolle von Kommissar Sven Hansen übernommen hatte. Er kam aus Hamburg und sein Vater hat ihn wegen einer verheirateten Frau nach Rosenheim versetzen lassen. Sein Vater besaß im Hamburg eine Reederei. Doch Sven wollte von der Firma seines Vater nichts wissen. Vater und Sohn haben kein gutes Verhältnis zueinander. Gleich am ersten Tag gab es Ärger mit der Frau Ortman, weil er hat sich mit seinem Segelboot auf ihren Parkplatz gestellt und mehr hat er nicht gebraucht. Aber es gab auch Zeiten, da sind die beiden harmonisch miteinander umgegangen. Doch es gab auch Zeiten, da waren beide wie Hund und Katz. Die Frau Stockl meinte: "Was sich liebt, das neckt sich." Ich kenne fast alles schon auswendig, weil ich alle Serien des öfteren gesehen habe.

Als ich im Internet gelesen habe, dass Marisa Burger und Max Müller im Musikverein singen und vorlesen, war ich gleich Feuer und Flamme. Maria besorgte uns die Karten und die Freude war groß.

Schon ein paar Wochen vorher habe ich mir ein schönes Gewand gekauft. Vorher ging ich noch zum Friseur. Ich dachte mir, dieser Tag soll ein besonderer Tag werden und ich freute mich, die Marisa Burger und Max Müller in Natura zu sehen. Wegen der Frau Stockl und dem Michi Mohr.

Auch beim Konzert waren die zwei sehr lustig, abwechselnd haben sie gelesen und gesungen. Auch gab es eine Leiche. Kam in dem Stück auch vor. Unter der Vorstellung zog Max Müller sein Handy aus seiner Hosentasche und fragte, was geschehen ist. Dann sagte er: "Einen Moment, die Frau Stockl übernimmt."Am Handy wurde gesagt, am Gänsehäufel wurde eine Wasserleiche gefunden. Wie üblich sagte die Frau Burger: „Es gab eine Leiche.“ Dazu erwähnte sie, wir sind heute nicht im Rosenheim, sondern wir sind in Wien im Musikverein und heute ermitteln wir nicht. Sie sollen in Kommissariat Schwedenplatz anrufen. Uns hat es sehr gut gefallen, aber uns war es zu kurz. Wir konnten noch stundenlang zuhören. Am Klavier saß Andreas Lübke. Die Stücke hießen "Bayern, eine Begegnung“ und „Von Rosenheim bis Monaco. Von Spatzel bis Luja, sag i!“

Anschließend gingen wir noch etwas trinken. Es war ein schöner Sonntag.

Corona

Der Mensch denkt und Gott lenkt

Weil ich an Gott glaube, glaube ich schon, dass er unsere Fäden in seinen Händen hält. Gott bestimmt über unser Leben.

Ich bin seit fast zwei Jahren in der Pension. Eigentlich hätte ich mir meine Pension ganz anders vorgestellt und anders geplant. Mein größter Wunsch wäre, ein paarmal im Jahr zu verreisen und auch viele Ausflüge zu machen. Mit meiner Bezugsbetreuerin shoppen ohne Ende. Zu meinem 70. Geburtstag ein großen Fest zu machen und viele Freunde und Renate mit Familie einzuladen.

Doch es kam Corona dazwischen und seitdem ist alles anders geworden. Nicht nur mein Leben, sondern auch die ganze Welt ist betroffen. Es hat unser Leben völlig auf den Kopf gestellt. Aber auch die Coronakrise hat ihre guten Seiten. Ich habe die Zeit genützt, um ein Buch zu schreiben, dadurch konnte ich meine Rechtschreibung verbessern. Meinen Garten neu gestalten. Manchmal finde ich auch Zeit zum Malen, Zeichnen und Basteln.

Für die Umwelt hat diese Krise auch was Gutes. Es fliegen weniger Flugzeuge und dadurch wird die Luft verbessert. Im Meer sind mehr Delfine zu sehen. Öfters habe ich nachgedacht, ob es etwas wie eine höhere Macht gibt. Woher kommen die Feiertage und die christlichen Feste? Wozu werden wir getauft? Oder ist alles nur ausgedacht?

Krieg mit einem Unbekannten

Der Unbekannte ist der Coronavirus. Es ist fast wie im Krieg. Aber ein Krieg ist noch ärger wie der Virus. Trotz Ausgangssperre haben wir zu essen und dürfen auch spazieren gehen. Mit öffentlichen Verkehrsmitteln zu fahren geht nur, wenn es wirklich notwendig ist. Deswegen sind Schulen und Werkstätten geschlossen. Wir dürfen nicht einmal Freunde treffen.

Ich habe seit dreißig Jahren einen Freund. Wir sehen uns nur am Wochenende. Ich begreife, warum die Maßnahme notwendig ist und ich möchte meinen Freund nicht in Gefahr bringen. Das Freitagsprogramm mit dem Besuchsdienst fällt auch aus. Freitag ist mein schönster Tag der Woche. Ich genieße diesen Tag sehr und leiste mir ein zweites großes Frühstück beim "Anker" oder beim großen "Mann" in der Perfektastr.. Oder ein Mittagessen beim Radatz und danach zum Billa einkaufen. Ab und zu einen Ausflug in der Meidlinger Hauptstraße, Riverside und am allerliebsten zum Westbahnhof in die neuen Einkaufsgeschäfte. Doch wegen der Coronakrise ist das alles nicht mehr möglich. Jetzt heißt es zusammenhalten. Indem wir von den Anderen Abstand halten. Dadurch schaue ich auf mich und auf die Anderen. Ich helfe mit, die Krise in den Griff zu bekommen.

Mir fällt es zwar sehr schwer und machmal habe ich Tränen in den Augen. Ich muss immer an Hannes denken. Er sagte immer zu mir: "Mirli, alles hat ein Ende, nur die Wurst hat zwei." Oder resi diesi. Was auch immer das heißt. Den Hannes kenne ich von ÖVSE, ich war über 25 Jahre in dieser Werkstatt. Auch diese schwierige Zeit wird vorbeigehen. Ich denke, so schlimm ist es auch wieder nicht. Eigentlich habe ich mir schon lange gewünscht, Zeit zu finden für mich und für meine Hobbys. Am liebsten sitze ich bei meinem Computer und schreibe E-Mails oder an meinem Buch. Ich ruhe mich aus, um mich in Geduld zu üben. Heute im Radio hörte ich, dass durch weniger Verkehr sich die Luft verbessert hat und im Meer wieder mehr Fische zu sehen sind. Irgendwie hat alles einen Sinn.

Es wäre von der Seniorengruppe geplant gewesen, zwei Ausflüge zu machen. Der eine wäre nach Hirschstetten, den großen Park besuchen. Schon lange wollte ich diese große Gärtnerei besuchen. Ich bin nämlich eine große Blumenfreundin. Darauf hatte ich mich besonders gefreut. Der zweite Ausflug wäre nach Schönbrunn zum Ostermarkt gegangen. Aber dieser Ausflug ist zu verschmerzen. Jedes Jahr sind mein Freund und ich zum Ostermarkt gefahren. Wegen dem Coronavirus darf heuer der Ostermarkt nicht aufsperren. Doch die Ausflüge kann man nachholen. Aufgeschoben ist nicht aufgehoben.

Ich hoffe, dass ich irgendwann noch nach Rosenheim komme. Vielleicht sogar nach München. Nur nicht die Hoffnung verlieren. Trotzdem per E-Mail oder Telefonieren den Kontakt zu anderen halten. Ich verschicke fast jeden Tag E-Mails und telefoniere mit meinem Freund. Mit meiner Bezugsbetreuerin wollten wir gemeinsam

Geburtstag feiern. Wir wollten nach Vösendorf in ein großes Einkaufszentrum fahren. Mitte April wollten wir auch in die Gärtnerei zum Prakac fahren, für meine Terrasse ein paar Blumen besorgen. Für Rosenheim ein ganz schönes Gewand kaufen. Doch meine Betreuerin meinte, wir müssen alles auf den Sommer verschieben.

Besonders vermisse ich die Seniorengruppe, meine Freunde und überhaupt die zwei lieben Betreuerinnen von der Seniorengruppe. Fast jeden Donnerstag gehe ich normalerweise reiten. Wegen der Krise ist auch der Reitstall gesperrt und so ist es mir nicht möglich, reiten zu gehen. Ich denke viel an die Stute Mona. Was sie jetzt gerade macht? Ob sie mich auch vermisst? Wie es ihr geht? Wir müssen jetzt alle zusammenhalten, indem wir die Maßnahmen einhalten. Vielleicht ist es schneller vorbei als gedacht. Die Zeit nützen, Dinge zu machen, die man gerne oder nicht so gerne macht. Seit einiger Zeit schreibe ich an einem Buch. Jetzt finde ich endlich die Zeit. Dabei achte ich auf die Rechtschreibung.

Wenn ich Lust habe, putze ich meine Wohnung, höre gerne Musik und schaue meine Lieblingssender an. Ich sehe es als Auszeit und mir geht es trotz Einschränkungen ganz gut.

(Zitate aus diesem Artikel erschienen am 24.02.2020 auf der Facebook-Seite des ÖVSE – siehe www.facebook.com/oevse.wien/)

Das gewonnene Selbstvertrauen

Bevor die Corona-Zeit begann, habe ich völlig mein Selbstvertrauen verloren, obwohl die Betreuer darauf achten, mich wie einen ganz normalen Menschen zu behandeln. Trotzdem kam es mir so vor, dass ich von gewissen Leuten falsch eingeschätzt werde und deswegen kommt es sehr oft zu einem Missverständnis. Vielleicht bilde ich mir das nur ein. Ich denke, es liegt daran, dass ich mit dem Sprechen Schwierigkeiten habe und in der letzten Zeit auch wegen meiner Schmerzen beim Gehen.

Doch wegen der Krise habe ich sehr viel Zeit, mich mit meinen Laptop zu beschäftigen und dadurch habe ich viel gelernt, dank der Betreuer.

Ein jeder Betreuer hat mir Verschiedenes gezeigt. Bisher konnte ich nur E-Mails versenden, Geschichten schreiben und YouTube Musik spielen. Aus lauter Angst, dass ich beim Laptop etwas verstelle, habe ich mir nicht zugetraut, mehr zu machen. Seit Kurzem traue ich mir mehr zu. Natürlich ist es vorgekommen, dass er sich aufgehängt hat. Am Anfang habe ich mich furchtbar aufgeregt und holte einen Betreuer. Doch jetzt versuche ich, so weit es geht, das Problem alleine zu lösen. Die Betreuer erklärten mir, warum das Problem aufgetreten ist. Vieles verstehe ich nicht und ich bin der Meinung, das ist eine Wissenschaft. Mit der Erkenntnis habe ich mein Selbstvertrauen gefunden.

Im Spastiker-Verband haben sie mir beigebracht mit dem Computer umzugehen und ich konnte auch viel schreiben und ich durfte auch E-Mails versenden. Was ich schon immer wirklich wissen wollte, zum Beispiel, wenn ich in "Word" etwas schreibe, und es dann per E-Mail versenden will. Oder eine Geschichte für die Zeitung Kunterbunt an eine E-Mail anhängen, das habe erst jetzt gelernt.

Eines Tages kamen neue Bestimmungen, die mich völlig aus der Bahn geworfen haben, sodass ich mein Selbstvertrauen verloren habe. Bei den neuen Bestimmungen geht es um die Absicherung der Betreuer. Es geht darum, wenn einem Klienten etwas passiert. Durch einen Unfall oder durch einen Epilepsieanfall, haften die Betreuer. Ich sehe es ein und die Betreuer haben mir erklärt, warum die neuen Bestimmungen sein müssen. Dadurch fühlte ich mich sehr eingeschänkt und habe mein Selbstvertrauen verloren. Mit der Zeit habe ich geglaubt ich bin auch geistig nicht ganz auf der Höhe. Nur die Betreuer haben mir weiterhin fast alles erlaubt und sie achteten darauf, das ich selbstständig bleibe.

Mir ist bewusst, Menschen mit Behinderung sind schwierig einzuschätzen. Die Zivildiener haben den Auftrag bekommen, uns zu unterstützen und nicht aus den Augen zu lassen. Am Anfang habe ich mich aufgeregt und schrieb an die Selbstbestimmungsgruppe und ließ das Geschriebene vorlesen. Es ging um Freiheitsberaubung. Was ich damals und heute noch so empfinde. Vielleicht sind es harte und ungerechte Worte gewesen. Ich habe mir damals nicht anders zu helfen gewusst und wollte es nicht akzeptieren, dass ich wie ein kleines Kind behandelt werde. Für mich ist die Corona-Geschichte eine

Lernzeit. Ich nützte die Zeit, um etwas Sinnvolles zu machen. So fand ich mein Selbstvertrauen wieder und ich hoffe, es bleibt so.

Herausforderung für die Seele

Wegen der Coronakrise sind viele Maßnahmen einzuhalten. Ich bin in einem Risikoalter und deswegen muss ich besonders auf mich achten und aufpassen.
Manchesmal fällt es mir sehr schwer. Dann denke ich an die anderen Leute. Gewiss geht es ihnen so wie mir. Mache mir auch Gedanken, wo das verdammte Virus herkommen könnte und wozu? Gibt es eine höhere Macht? Gibt es überhaupt einen Gott? Und warum lässt er es zu? Das alles beschäftigt mich in der letzten Zeit. Ich verfolge die Nachrichten aus dem Fernsehen und Radio. Es vergeht kein Tag, ohne dass neue Maßnahmen verkündet werden. Obwohl ich weiß, warum die Maßnahmen sein müssen und ich auf mich ganz besonders aufpassen muss. Trotzdem sind Maßnahmen Verbote und Verbote sind für mich wie ein rotes Tuch. Schon als Kind wollte ich sie nicht akzeptieren und ich konnte auch böse werden.

Es ist wieder Wochenende und am Wochenende kommt mein Freund. Das ist schon das zweite Wochenende, das ich ohne ihn verbringen muss. Ich darf nur telefonieren, aber ich würde ihn gerne wiedersehen. Jeden Freitag kam der Besuchsdienst Maria und holte mich zum Einkauf, Essen gehen und Spazieren gehen ab. Maria ist die Beste und ich verstehe mich mit ihr sehr gut. Doch auf das alles muss ich jetzt verzichten.

Wie es dem Hannes geht und auch dem Haki? Ich kann mir vorstellen, wie es ist, wenn er nicht mehr in die Werkstatt darf. Hannes, der gerne am Abend zum Wirten um ein Bier oder auf einen Spritzer geht. Er fährt auch gerne mit seinem Rollstuhl in die Prater Hauptallee spazieren. Was er jetzt wohl aufführt, wenn er das alles nicht mehr kann? In der Werkstatt habe ich das erlebt. Hannes wurde dann ungemütlich und fing forsch zu schimpfen an. Obwohl die Betreuer ihm erklärt hatten, warum das gerade alles nicht geht, vergaß er wieder alles. Sein Kurzzeitgedächtnis hat seit seinem Unfall nicht mehr funktioniert. Doch das Langzeitgedächtnis hatte funktioniert. Deswegen

habe ich ihn an alles erinnert. Hannes war mir dankbar und sagte zu mi: "Mirli, wenn ich dich nicht hätte." Ich gab ihm zur Antwort: "Dann hätt'st wem andern."
Haki ist lieber in der Werkstatt als zuhause. Bestimmt fragt er jeden Tag seine Eltern, warum er nicht mehr in die Werkstatt darf und wann er endlich wieder darf. Ich frage mich auch schon. Wann hat alles ein Ende? Mein Freund hat am Telefon gesagt, ich soll durchhalten.

Ostern einmal anders

Wegen Corona verlief Ostern ganz anders als sonst.

Als mein Vater noch lebte, fuhr ich zu ihm und seiner Lebensgefährtin. Die beiden wohnten in Hallein. Ich fuhr mit dem Zug nach Hallein und blieb die ganze Karwoche bis Ostern. Ich freute mich ganz besonders auf Ostern.

Mein Vater hatte am 13. April Geburtstag und ich am 30. März. Wenn das zufällig auf Ostern fiel, dann wurden unsere Geburtstage gemeinsam gefeiert. Es kam vor, dass ich manchesmal zu Ostern nicht zu meinem Vater fuhr, sondern ich feierte mit meinem Freund in der WG. Pepi schlief bei mir und in der Nacht stand er ganz leise auf und stellte Ostersachen auf den Tisch. In der Früh sagte mein Freund zu mir: "Du schau, der Osterhase war da." Ich habe mich gefreut darüber. Nach dem Frühstück besuchten wir das Grab meiner Mutter. Anschließend gingen wir in den Türkenschanz-Park zum Essen.

Ostern 2020 verlief ganz anders als sonst. Am Karsamstag richtete ich schon in der Früh einen Korb her. Ich gab Kaffee und Brot in den Korb. Weil ich hörte im Radio, dass die Heilige Messe über Fernsehen und Internet gesendet wird und auch die Speiseweihe. Zu Mittag habe ich noch Wurst und Käse dazugegeben. Dann stellte ich den Korb vor den Fernseher. Dadurch wurden meine Speisen das erste Mal geweiht. Am Ostersonntag ist die Messe vom Stephansdom und anschließend von Rom im Fernsehen zu sehen. Leider passierte das alles ohne meinen Freund. Trotzdem oder deswegen fand ich Ostern irgendwie auch schön.

Über YouTube habe ich eine Führung über die Rosenheim-Cops entdeckt, wo auch das Kommissariat zu sehen war. Renate, meine Stiefschwester, hat mir per E-Mail geschrieben, dass sie heuer ohne ihre Enkelkinder alleine im Garten ist. Vergeblich wartete sie auf ihre Enkelkinder, die ihre Osternnester suchen.

Ich habe mich erinnert an Ostern im Garten. Es war ein sonniger Ostersonntag und sehr warm. Wir beschlossen, diesen Tag im Garten zu verbringen und zu grillen. Vormittags fuhren wir nach Puch, dort hatte mein Vater den Garten. Renate packte die Sachen ins Auto und wir fuhren los. Nico war schon im Garten und hatte den Griller angeheizt. Nach und nach sind ihre Kinder und die Enkelkinder gekommen. Zu Mittag gab es Würsteln, Fleisch und Gemüse. Nachmittags durften sie endlich die Osternnester suchen. Pascal, der älteste von den Enkeln, brachte mir ein Osternnest und mit Freude nahm ich es entgegen.

Ostern im Schnee

Es kam vor, dass es am Ostersonntag geschneit hatte und kalt war. Darum mussten wir Ostern in der Wohnung verbringen. Ich erinnere mich, als die ganze Familie von Nico aus Italien kam. Nico ist der Mann von der Renate und kam aus Italien. Am Karfreitag kam seine Schwiegertochter mit drei Kindern auf Besuch und blieb über Ostern. Renate war in der Hoffnung, dass am Sonntag das Wetter besser wird. Sie wollte Ostern und den Kindergeburtstag im Garten feiern. Weil für eine große Familie in einer Wohnung war es sehr eng und dazu noch mit drei Hunden und zwei Katzen. Das war schon zu anstrengend geworden.

Am Ostersonntag in der Früh schneite es tatsächlich. Mein Vater fragte mich: "Was ist für ein Tag?" Ob Ostern sei, oder doch Weihnachten? Dann fügte er hinzu: "Soll ich den Christbaum aufputzen? Oder die Ostereier verstecken?" Das war ein Scherz und natürlich war es Ostern. Im April schneit es in Hallein gerne.

So musste Renate die Feier ins Wohnzimmer verlegen. Nico stellte noch einen dritten Tisch dazu. Die 6 Kinder nahmen am kleinen Tisch

Platz und die 8 Erwachsenen nahmen an den großen Tischen Platz. Sandra hatte ihre drei Hunde auch mit. Das kleinste von den Kindern hatte seinen zweiten Geburtstag und Renate stellte die Torte zu den Kindern auf den Tisch. Doch die Marina glaubte, die Torte gehört ihr und steckte ihr Näschen mitten in die Torte. Ihr Gesicht war voll Schokolade, daher hat die Mutter das Gesicht von der Marina abgeschleckt. Ich musste so lachen. Das waren lustige Ostern.

O du lieber Augustin

Ich glaube diese Geschichte passt gut zur Coronakrise.

Als Wien noch ein kleines Dorf war und mit einer Stadtmauer umgeben war. Ungefähr im 16. Jahrhundert ist in Wien die Pest ausgebrochen und viele Menschen sind an der Pest gestorben. Nur der Augustin hat die Pest überlebt. Der Augustin war ein Alkoholiker und hat immer sehr viel Schnaps getrunken. Vor der Stadt war eine Grube. In die Grube sind die Toten hineingeworfen worden. Weil der Friedhof überfüllt war und deswegen wurden die Toten in der Grube begraben. Wieder einmal war Augustin stockbetrunken und fand den Weg nach Hause nicht mehr. Er ging und ging, aus der Stadtmauer hinaus, bis er in die Grube fiel. Da lag er zwischen den Toten und schlief ein.

In der Früh kamen ein paar Leute vorbei und merkten, dass Augustin in der Grube liegt und glaubten er sei tot. Endlich war am Friedhof Platz. Mit einem Pferdewagen wurden die Toten abgeholt. Auf dem Weg zum Friedhof stand Augustin auf und spielte mit seinem Dudelsack. Der Alkohol hat dem Augustin das Leben gerettet.

Heute erinnert eine Statue an Augustin. Die Geschichte ist verfilmt worden. Heinz Conrads spielte den Augustin. Es gibt noch ein Lied:

"O du lieber Augustin, Augustin alles ist hin. Geld ist weg.
Augustin liegt im Dreck."

Ich habe mir gedacht, diese Geschichte passt in diese Zeit.

Mein 69. Geburtstag

Am 30. März habe ich Geburtstag. Mein Freund und ich hätten an diesem Wochenende gefeiert.

Doch wegen dem Coronavirus ist alles anders als sonst. Mein Geburtstag wurde immer groß gefeiert und mehrmals, wie ich noch in die Werkstatt gegangen bin. Nach dem Mittagessen sind wir zusammen gesessen und haben meinen Geburtstag gefeiert. Am Abend wurde in der WG das zweite Mal gefeiert. Mein Freund und ich sind in den Türkenschanz-Park gefahren. In der Meierei haben wir dann gegessen. Anschließend sind wir auf den Friedhof, zum Grab meiner Mutter.

Heuer ist eben alles anders. Ich bin sehr traurig, dass ich heute ohne meinen Freund meinen Geburtstag feiern muss. Geplant war auch eine Feier in der Seniorengruppe. Meine Bezugsbetreuerin hätte in ein paar Tagen auch Geburtstag gehabt. Wir wollten am 31. März nach Vösendorf fahren. Leider haben wir das auf den Sommer verschoben. Trotzdem ist mein Geburtstag in der WG gefeiert worden. Wir saßen gemütlich zusammen. Ich hoffe, dass nächstes Jahr mein Geburtstag anders verläuft wie heuer.

Die Fastenzeit

Ich finde, heuer sollte wegen Corona auch die Fastenzeit ausfallen. Gott möge mir verzeihen, aber ich denke, die Coronakrise dauert fast ein Jahr und diese Krise ist wie Fasten. Wegen der Einschränkungen müssen wir auf vieles verzichten. Für mich bedeutet Fasten etwas anderes, außer wenig essen. Dadurch, dass ich eine spastische Behinderung habe, darf ich nicht fasten. Ich faste ganz anders. Indem auf etwas verzichte. Am Aschermittwoch und Karfeitag schalte ich das Radio nicht ein. Ich esse kein Fleisch und keine Wurst. Ich versuche die ganze Fastenzeit nicht zu naschen. Voriges Jahr habe ich auf YouTube verzichtet. Ob ich heuer faste? Das ist noch fraglich.

Vielleicht nur einen Teil?

Mein Name ist Hase, ich weiß von nichts

Jeden Freitag werden wir getestet. Deswegen kommen in unsere WG Krankenpfleger, die uns testen. Die geben dann das Ergebnis in ihren Laptop ein. Es ist mit den Betreuern ausgemacht, dass der Krankenpfleger das Ergebnis per E-Mail in die WG schickt. Wenn kein E-Mail kommt, wird es stattdessen auf meinen USB-Stick gespeichert. Zum Glück besitze aus privaten Gründen einen. Ich borge den Stick gerne her. Die Betreuer dürfen im ihrem Büro keinen USB-Stick verwenden. Wegen den Computer-Viren, denn dann kann es sein, dass diese von einem Computer auf einen anderen übertragen werden.
Das erste Mal hat ein Klient, der auch einen Laptop besitzt, ausgeholfen. Er hat das Ergebnis 10x ausgedruckt. Dieses Wochenende hatte ein anderer Betreuer Dienst und ich glaube, er kennt sich mit den USB-Sticks nicht aus. Ein paar Tage vorher hat Betreuer Werner mit mir alles besprochen und ich soll den USB-Stick wieder herborgen. Dazu sagte er, wenn er den Betreuer Wolfgang nicht mehr sehe, soll ich ihm alles erklären, was er mit dem USB-Stick machen soll. Zufällig haben wir ihm am Tag der Impfung getroffen. Auch der Werner hat dem Wolfgang alles erklärt. Dann kam der Freitag und Wolfgang holte mich zum Testen. Dabei drückte ich ihm den Stick in die Hand und ich sagte zu ihm: „Ich würde den Stick gerne wiedersehen, weil ich ihn selber brauche.“ Aber Wolfgang machte nur eine dumme Bemerkung, dass ich den Stick nicht mehr bekomme. Darauf dachte ich mir, dass es auch gut sei, denn USB-Sticks gibt es überall zu kaufen. Nach zwei Tagen bekam ich den Stick zurück. Ich fragte Wolfgang, ob er den Bescheid von Test ausgedruckt hat? Zur Antwort bekam ich ein Nein.

Vielleicht hätten wir zusammen geschafft, den Bescheid auszudrucken? Aber ich dachte mir: „Mein Name ist Hase, ich weiß von nichts.“

Eineinhalb Jahre in der Pension

Seit Anfang Juli 2019 bin ich in der Pension. Es gefällt mir ganz gut und Langeweile habe ich bis jetzt keine. Zwar bin ich wegen der

Corona-Geschichte schon fast drei Monate zuhause, doch ich finde immer Arbeit.

Ich habe mir in den Kopf gesetzt, ein Buch zu schreiben. Immer wieder fallen mir neue Geschichten ein und so entsteht ein Buch. Die Geschichte "Krieg mit einem Unbekannten" ist ein voller Erfolg geworden. Ich gehe nicht mehr in den Spastiker-Verband, aber ich schreibe trotzdem für die Zeitung Kunterbunt. Ich fand diese Geschichte gehört in die Zeitung, per E-Mail habe ich die Geschichte gesendet. Die Betreuer im ÖVSE fanden die Geschichte so gut. Sie haben sie in Facebook gegeben. Seither freut es mich noch mehr zu schreiben. Anfang Oktober gehe ich zuerst nur zweimal in der Woche in eine Seniorengruppe. Mir hat es so gut gefallen, das ich zuletzt einen Tag verlängerte. Die Seniorengruppe ist in der Hochstr., zufällig im Wohnheim, wo ich drei Jahre wohnte.

Seit dem Umbau 1994 sind 6 Häuser neu aufgebaut worden. Die Seniorengruppe ist für ältere Klienten gedacht, die wegen ihres Alters nicht mehr in eine Werkstatt gehen können oder wollen. Wir sind acht Klienten und zwei Betreuerinnen und ein Betreuer. Ich bin von 9 Uhr 30 bis 14 Uhr anwesend. Außer wir machen Ausflüge, dann bin ich länger in der Seniorengruppe. Zur Adventzeit sind wir zum Karlsplatz zum Christkindlmarkt gefahren. Unser letzter Ausflug ist ins Technische Museum gegangen. Danach wollten wir noch zwei Ausflüge machen. Doch wegen der Coronakrise ist alles ins Wasser gefallen. Es war geplant gewesen, mit meinem Besuchsdienst ein Wochenende in Rosenheim zu verbringen. Das war mein zweiter Versuch und es hat mich schon sehr hart getroffen, dass es nicht ging. Ich hoffe mit dem dritten Anlauf klappt es.

Aber die Coronakrise hat auch ihre guten Seiten. Die erste gute Seite ist der Garten und die Blumen. Meine Bezugsbetreuerin hatte Blumen besorgt und dazu ein Hochbeet. Jedes Jahr habe ich mir selber Blumen gekauft. Eigentlich wäre ich gerne zum Gärtner mitgefahren, doch das ging auch nicht. Trotzdem ist heuer meine Terrasse wunderschön geworden. Die dritte gute Seite ist mein Buch und mein Laptop. Den ganzen Vormittag sitze ich vor dem Laptop und schreibe mein Buch oder schreibe eine E-Mail. Nach dem Mittagessen muss ich mich wegen meinen Schmerzen hinlegen. Von Montag bis Freitag spielt im Fernsehen meine Lieblingsserie, die Rosenheim-Cops. Leider sind es noch die alten Serien. Wegen dem Igor Jeftic, das ist nämlich mein Liebling in der Serie.

Ich versorge gerne meinen Haushalt, es vergeht kein Tag ohne dass ich putze oder wasche. Schön langsam werden die Bestimmungen gelockert. Jetzt darf auch wieder jeden Freitag mein Besuchsdienst Maria kommen. Maria und ich können wieder viel unternehmen, wie einkaufen und Essen gehen.

Wochenlang konnte ich meinen Freund Pepi nicht sehen. Doch seit ein paar Sonntagen darf Pepi nun ein paar Stunden auf Besuch kommen. Bevor die Krise begann, durfte Pepi jedes zweites Wochenende bei mir schlafen. Aber ich glaube, wegen der Ansteckungsgefahr bleiben uns nur ein paar Stunden. Ich habe die Hoffnung, dass irgendwann einmal Normalität zurückkehrt.

Zwar bin ich eine alte Frau, aber ich freute mich, dass ich ein verspätetes Ostergeschenk bekomme habe. Vielleicht hat sich der Osterhase mit dem Coronavirus angesteckt und er war in Quarantäne? Angeblich war er schon da und wollte die Geschenke abgeben, doch wegen der Ansteckungsgefahr haben die Betreuer ihn wieder weggeschickt. Ich frage mich, ob heuer überhaupt das Christkind kommen darf. Vielleicht kommt das Christkind erst nächstes Jahr 2021 im Sommer. Weihnacht einmal im Sommer wäre etwas anderes, es ist eine verrückte Zeit. (Als kleiner Scherz gedacht.)

Unser Fredi ist ORF-Fan, vor der Coronakrise verging kein Tag, dass Fredi nicht zum ORF gefahren ist. Jetzt dürfen wir wegen Corona nicht alleine aus dem Haus gehen. Doch Fredi will trotzdem zum ORF fahren. Ca. vor eineinhalb Jahren waren bei der Barbara Karlich die Rosenheim-Cops. Leider habe ich es erst erfahren, als im Fernsehen die Sendung ausgestrahlt wurde. Ich war so traurig und so wütend, dass ich in Tränen ausbrach. Wenn ich das vorher gewusst hätte, ich hätte alles daran gesetzt, bei der Barbara Karlich Show dabei zu sein.

Am Samstagvormittag kam eine Betreuerin zu mir und sagte, der Fredi wünscht sich, dass heute jemand mit ihm ins ORF-Zentrum fahren würde. Ich fragte, ob ich auch mit darf. Elisabeth gab mir zur Antwort: "Ja freilich kannst du mitfahren." Gleich nach dem Mittagessen sind wir losgestartet. Wir sind mit der U6 bis Meidling und mit dem Autobus

zum ORF-Zentrum. Leider durften wir nicht ins Gebäude. Sondern wir gingen rund um das ORF-Zentrum und Fredi war unser Führer, er erklärte uns das Gebäude.
Anschließend sind wir noch Richtung Schönbrunn gefahren und gingen zu der Gloriette um Kuchen und Kaffee.

Am nächste Tag am frühen Nachmittag ist mein Freund gekommen und wir sind das erste Mal nach der Coronakrise auf den Friedhof gefahren. Das Grab war in Ordnung und schön geschmückt. Ich habe wegen der Krise nicht mehr am Friedhof gehen können. Deswegen schrieb ich dem Friedhofsgärtner ein E-Mail, dass er für mich das Grab schmückt. Endlich tritt Normalität ein und ich bin sehr glücklich darüber. Mit der Seniorengruppe lasse ich mir etwas Zeit, ich will es langsam angehen.

Dann kam der Sommer und die Ausgangssperre wurde gelockert. Wir konnten die Ausflüge nachholen. Sogar Essen gehen konnten wir. Das Schönste waren die Ausflüge mit meiner Bezugsbetreuerin Monika und meinem Freund Pepi. Eigentlich fand ich, der vorige Sommer war ganz schön. Am liebsten fuhr ich in die Innere Stadt, in der Hoffnung, Peter Weck zu sehen. In den habe ich mich ein wenig verliebt.

Am 2. November, spät am Abend, war in der Inneren Stadt ein Terroranschlag. Fünf Menschen wurden getötet. Auf einmal verstand ich die Welt nicht mehr.

Gleich danach kam der zweite Lockdown und es wurde wieder alles geschlossen. Seitdem verbringe ich meine Zeit zu Hause. In diesem Jahr war ich nur fünf Tage in der Seniorengruppe. Aber ich finde immer eine Beschäftigung. Doch ich finde es nicht so streng, wie den ersten Lockdown. Es darf mein Freund und Maria vom Besuchsdienst kommen. Seit kürzerer Zeit darf auch von der Seniorengruppe ein Betreuer dreimal in der Woche kommen. Er hilft mir beim Buchbeenden.

Manchesmal spiele ich mich mit dem Gedanken, ob ich überhaupt noch in die Seniorengruppe gehen sollte. Zeichnen kann ich zu Hause auch und beim Ausschneiden hilft mir mein Freund. Doch dann vermisse ich meine Freundinnen und die Betreuer von der Seniorengruppe.

Vielleicht werden die Maßnahmen etwas gelockert, wie vorigen Sommer. Der vorige Sommer war trotz Corona ganz schön und wir konnten eigentlich viel Schönes unternehmen. Es liegt nur an uns, wenn wir die Maßnahmen ernst nehmen.

Was nützt es uns, wenn wir auf die Straße gehen und demonstrieren? Ohne Abstand, ohne Maskenpflicht wird die Ansteckungsgefahr sehr hoch bleiben und wird die Pandemie noch sehr lange bleiben. Ich bin der Meinung, es helfen nur die Impfungen, aber sie kommen nur schleppend voran. Wegen meiner Behinderung bekomme ich schon in ein paar Tagen meine erste Impfung. Dadurch bin ich sehr froh. Es ist ein kleiner Lichtblick für mich.
Ein Jahr Corona ist schon eine große Belastung und eine Herausforderung. Überhaupt für ältere Menschen, Jugendliche und Kinder. Mir persönlich macht die Pandemie wenig aus, im Gegenteil, manchesmal bin ich ganz glücklich darüber. Ich kann Dinge verrichten, die ich gerne mache. Natürlich hatte ich mir meine Pension anders vorgestellt. Ich würde gerne reisen und mehr Ausflüge machen. Ab und zu den Spastiker-Verband besuchen. Doch ist es alles anders gekommen als geplant. Aber niemals die Hoffnung aufgeben.

Die Tagesbetreuung in der Hochstraße

Am 3. Oktober 2019 kam ich in die Tagesbetreuung. Früher hieß die Tagesbetreuung Seniorengruppe. Doch sie ist umbenannt worden. Im Wohnheim wohnen Leute, die wegen ihrer Behinderung besondere Betreuung brauchen. Ein paar Leute sind so alt, dass sie nicht mehr in eine Werkstatt gehen können oder wollen. Warum man nicht Seniorengruppe sagen darf, ist mir unverständlich.

Ich war über 50 Jahre in einer Werkstatt und dort habe ich fleißig gearbeitet. Bevor ich mich entschied in eine Tagesbetreuung zu gehen, nahm ich eine Auszeit. Am 1. Juni hörte ich im Spastiker-Verband auf. Ich hatte auf einmal das Gefühl, wegen unserer Behinderung wie schwer geistig Behinderte behandelt zu werden. Die Betreuer haben mich wie einen ganz normalen Menschen behandelt und wussten, dass ich es merke, wer mich als geistig behindert einschätzt. Es gab einige Zivildiener und die Beifahrer vom Fahrtendienst. Sie haben uns wie kleine Kinder behandelt. Aber es gab auch sehr nette Zivildiener und Beifahrer, sie haben uns wie ganz normale Menschen behandelt. Es war die richtige Entscheidung und ich bin sehr froh darüber.

Um 9 Uhr werde ich vom Fahrtendienst abgeholt. Dadurch habe ich keinen Stress und ich kann gemütlich meine Hausarbeit erledigen. Ich finde noch Zeit, an meinem Buch zu schreiben. Es gefällt mir so gut, dass ich entschied, von zwei Tagen auf drei Tagen zu erhöhen. Am Donnerstag gehe ich Reiten und am Freitag kommt der Besuchsdienst. Überhaupt, der Donnerstag und Freitag, diese zwei Tage sind die schönsten Tage der Woche. Auch die Tage in der Tagesbetreuung sind sehr entspannt für mich. Einmal im Monat machen wir einen Ausflug. Ich kann auch wieder malen und handarbeiten. Oder wir können auch nur Video anschauen. Ernsti will den ganzen Tag nur Kommissar Rex anschauen. Barbara und ich schauen gerne Pretty Woman an. Wegen dem Richard Gere. Auch die Sisi Filme sind bei uns sehr beliebt. Nur ich kann sie nicht mehr sehen. Ich kenne sie schon auswendig.

An manchen Tagen spielen wir verschiedene Spiele und es geht bei uns sehr lustig zu. Es vergeht kein Tag, an dem wir nicht lachen. Seit ein paar Tagen habe ich zu zeichnen begonnen. Wir führen auch Gespräche, am meisten montags. Unsere zwei Betreuerinnen (Begleiterinnen) sind sehr lieb und sehr lustig. Sie finden fast immer die passenden Worte. Überhaupt die Marion gefällt mir, weil die ist ein wenig vorlaut und frech. Es ist schon ein paar Monate her, ich glaube, das tut mir sehr gut. Zu meinem Bedauern nehme ich alles zu ernst. Weil ich rege mich über alles auf. Manche Leute halten mich für blöd und lassen mich keine Entscheidungen treffen, das bringt mich so in Rage. Aber seit der neuesten Zeit habe ich erfahren, dass es das Wort Betreuer nicht mehr gibt, sondern Begleiter. Ich weiß schon, dass ich in gewissen Dingen einen Betreuer brauche, doch ich möchte weiterhin meine eigenen Entscheidungen treffen.

Die Tagesbetreuung ist in der Hochstr. im Wohnheim. Ich habe in dem Heim drei Jahre gewohnt. Bis das Gebäude baufällig war und neu aufgebaut worden ist. Dadurch kenne ich ein paar Klienten von früher. Die sind alle, so wie ich, älter geworden. Leider durfte ich mit der Johanna nur ein paar Wochen zusammen sein. Johanna war schwer krank und starb. Bevor sie starb, durfte sie noch ihren Freund kirchlich heiraten. Nach ein paar Tagen danach ist sie gestorben. Ich finde es von den Betreuern sehr schön, dass diese Hochzeit zustande kam und ich rechne es ihnen hoch an.

Bevor auch Österreich das Coronavirus erreicht hat, fing ich in der Tagesbetreuung für Ostern zu basteln und zeichnen an. Das macht mir großen Spaß und viel Freude. Ich bekam einen eigenen Tisch, Zeichenblätter und Vorlagen zum Malen. Zuerst malte ich Stiefmütterchen. Weil ich die Stiefmütterchen am besten malen kann und auch Astern. Dann versuchte ich das Rathaus von Rosenheim und den Geländewagen von Herrn Hansen zu malen. Aber das wollte nicht so recht gelingen. Da sah ich, das die anderen für Ostern Papiereier malten. Auch ich wollte mitmachen. Sandra nahm ein Zeichenblatt und zeichnete ein Ei. Darauf zeichnete ich Palmkätzchen und Blüten vom Forsythienstrauch. Auf das zweite Ei malte ich bunte Blumen. Sandra hat die beiden Eier ausgeschnitten. Die kommenden Tage wollte ich die Vorlagen ausmalen. Aber dazu kam es nicht mehr.

Mittwoch den 10. März war mein letzter Tag in der Tagesbetreuung. Donnerstag, den 11. März, war ich das letzte Mal Reiten und am Freitag den 12. März 2020 musste ich erfahren, wegen dem Coronavirus wird alles geschlossen und es wurde alles abgesagt. Fast drei Monate durfte ich die Tagesbetreuung nicht besuchen. In dieser Zeit hatte ich viel Zeit zum Schreiben und zum Malen. Langweilig ist mir nicht geworden, nur ich habe die zwei Betreuerinnen von der Tagesbetreuung vermisst.

Schmerzhaft waren die Absagen von den Ausflügen. Besonders, der Ausflug nach Hirschstetten, weil da wollte ich schon lange hin. Doch nach drei Monaten war es soweit. Endlich durfte ich wieder in die Tagesbetreuung gehen und auch Ausflüge machen.

Zuerst ging es in den Prater. Der zweite Ausflug ging nach Hirschstetten. In Hirschstetten ist eine große Gartenanlage, mit sehr vielen Blumen, ein paar Tieren und Teichen. Das lustigste war ein kleines Wiesel. Zuerst lief es bei den Ziegen auf der Wiese umher und dann ist das Wiesel auf den Weg gelaufen und hat immer wieder Männchen gemacht. Es war so neugierig. Dann kamen wir beim Schildkrötenteich vorbei und wir haben gesehen, wie sich die Schildkröten gesonnt haben. Ein Stück weiter waren Landschildkröten zu sehen. Ein Schildkrötenpärchen hatte sich gepaart und dann ist das

Weibchen auf das Männchen losgegangen. Nach dem Mittagessen besichtigten ich und Sandra den Bauernhof und den Bauerngarten. Es war ein schöner Ausflug.

Der nächste Ausflug ging in den Tiergarten Schönbrunn. Leider war das Wetter nicht so schön, es hat ein wenig geregnet und war auch kühl. Deshalb versuchten wir, uns mehr in den Häusern auzufhalten. Mir hat das Affenhaus sehr gut gefallen und auch die Eisbären. Eigentlich wollten wir im Tiergarten Essen gehen. Wegen Platzmangel mussten wir am Hietzinger Platz beim "Brandauer" Essen gehen. Auf dem Weg dorthin kam mir Peter Weck in den Sinn, ob er vielleicht in Hietzing wohnt? Ich fragte meine Betreuerin Sandra, doch diese Frage konnte sie nicht beantworten. Peter Weck hat tatsächlich viele Jahre mit seiner Familie in Hietzing gewohnt und ist dort in Hietzing auch aufgewachsen. Nachdem seine Frau starb, verkaufte er in Hietzing sein Haus und wohnt derzeit in der Innenstadt.

Es kam die Urlaubszeit und nacheinander gingen die Betreuer auf Urlaub. Eines montags kam ich in die Tagesbetreuung. Da bemerkte ich nur ein paar Zivildiener und Betreuer, die nicht kannte. Ich dachte wo sind die Betreuer? Da begann ich nachzufragen, doch niemand hat mich verstanden. Am liebsten wäre ich wieder nach Hause gefahren. Am Dienstag war zum Glück Björn, ein Betreuer, anwesend. Sonst wäre ich mit dem Fahrtendienst wieder nach Hause gefahren.
Björn ist seit kurzem in der Tagesbetreuung und sehr nett. Er war viele Jahre im Haus 5. Ihm waren die Nachtdienste zuviel geworden und deswegen ist er in die Tagesbetreuung gewechselt. Ich war sehr froh, den Björn zu sehen. Ich verstehe mich mit Björn sehr gut und ist er sehr lustig. Wenn das Wetter es zulässt, sitzen wir eine Weile auf der Terasse und plaudern.

Am 6. Oktober machten wir von der Tagesbetreuung wieder einen Ausflug. Leider konnten wir nicht mit der ganzen Gruppe gehen, sondern einzeln und mit einem Betreuer. Ein paar Wochen vorher sind wir gefragt worden, wo wir hin wollen. Zunächst wollte ich in das Haus des Meeres, wegen den kleinen Zwergaffen. Doch als ich hörte, dass Barbara in die Stephanskirche gehen wollte, fragte ich sie, ob es ihr etwas ausmacht, wenn ich mitkomme. „Dafür zeige ich dir, wo Peter Weck wohnt.“ Barbara war gleich einverstanden. Sie ist auch, so wie ich, ein Fan von Peter Weck. Björn, der Betreuer, hatte den Vorschlag wir fahren mit dem Heimbus. Weil Barbara und ich einen Rollstuhl brauchen, fuhr die Betreuerin Janine auch mit.

In der Nähe von der Stephanskirche ließen wir den Bus stehen und gingen zu Fuß zum Stephansplatz. Als wir zu der Kirche kamen, gingen wir hinein und schauten uns in der Kirche um. Wir verweilten eine Weile und zum Schluss zündeten wir ein paar Kerzen an. Danach zeigte ich allen den Weg zum Franziskanerplatz. Mein Freund und ich waren schon zweimal dort. Auf dem Weg begann Björn mich zu fragen: "Du, Maria, bist du vielleicht in den Peter Weck verliebt?" Doch diese Frage kann und wollte ich nicht beantworten. Ich glaub, vielleicht ein bisschen? Ich habe schon als junges Mädchen für ältere Männer geschwärmt. Peter Weck ist ein ganz besonderer Mann.

Im kleinen Kaffeehaus am Franziskanerplatz tranken wir Kaffee. Barbara hatte ein kleines Büchlein mit, in der Hoffnung, dass wir vielleicht Peter Weck begegnen. Dann hätten wir ihn um ein Autogramm gebeten. Unsere Betreuerin hatte den Wirt gefragt, ob er weiß, dass Peter Weck tatsächlich am Franziskanerplatz wohnt. Doch er gab uns zur Antwort, er kennt keinen Peter Weck, wer soll das sein? Andre Heller wohnt hier. Dann gingen wir eine Runde spazieren bevor wir zum Mittagessen gingen. Montags sagte Marion zu mir, sie war in einem Geschäft und zufällig hat sie zwei Videos gefunden. Ein Video ist von Peter Alexander und das zweite ist von Peter Weck. Die Freude war sehr groß.

Zur Zeit wird in der Tagesbetreuung viel gezeichnet, gemalt und auch gebastelt. Seit 9. November wurde das zweite Mal wegen dem zweiten Lockdown die Tagesbetreuung geschlossen. Den Betreuern und uns Klienten ist es unverständlich, warum ausgerechnet die Tagesbetreuung geschlossen wurde. Dagegen sind die Werkstätten von Jugend am Werk alle geöffnet. Wir vermissen unsere Lieblingsbeschäftigung: Das Zeichnen und Malen. Ernsti, Barbara und Sisi würden gerne Video Filme anschauen.

Ich hätte gerne mit Björn meine Geschichten für mein Buch verbessert. Mir ist es ein Bedürfnis das Buch endlich fertig zu bringen. Ich schrieb ein E-Mail an die Tagesbetreuung, ob Björn so nett wäre, mir die Mappe mit den Geschichten zu bringen. Tatsächlich, nach ein paar Tagen brachte mir Björn die Mappe. Weil ich wieder zuhause sitzen musste, versuche ich, so gut es geht, meine Geschichten selber zu verbessern. Zum Glück fand eine Betreuerin bei meinem Laptop die Rechtschreibprüfungseinstellung. Jetzt weiß ich, wenn ein Wort falsch geschrieben ist und dadurch verbessere ich selber mein Buch.

Seit 7. Jänner 2021 ist die Tagesbetreuung wieder geöffnet. Ich frage mich, wie lange. Wie ich es geahnt hatte ist die Tagesbetreuung wieder geschlossen worden. Nur ein paar Tage durfte ich in die Tagesbetreuung gehen. Am Mittwoch den 20. Jänner war ich das letzte Mal in der Tagesbetreuung. Am Freitag hat anscheinend vom Büro wer angerufen, dass die Tagesbetreuung bis 8. Februar geschlossen bleibt. Meine Vermutung ist, weil wir im Risikoalter sind, sind die Betreuer besonders vorsichtig mit älteren Klienten. Schön langsam fällt mir die Decke am Kopf. Obwohl ich mich alleine beschäftigen kann und ich tu es ganz gerne. Ich male und bastele mit Hilfe meines Freundes. Es entstehen ganz schöne Sachen. Die sind nicht so perfekt wie es gehört, aber ich bin trotzdem stolz auf meine Bastelschachtel und glaube, die zweite wird noch schöner.

Manchesmal spiele ich mit dem Gedanken, ob ich überhaupt noch in die Tagesbetreuung gehen soll. Wegen dem Lockdown wird sowieso immer wieder zugesperrt. Dann denke ich wieder, die ganze Woche nur zuhause, das bringt auch nix. Ich gehe einmal in der Woche reiten und jeden Freitag kommt ein Besuchsdienst (Maria). Doch ich befürchte, das wird sich bis über Ostern so hinziehen. Schön langsam gewöhne ich mich daran und eigentlich finde ich am Zuhausesein Gefallen. Bald kommt das Frühjahr und ich werde viel im Garten arbeiten. Ich werde wieder Blumen pflanzen.

Ein Betreuer von der Tagesbetreuung hat mir angeboten, er würde 3x in der Woche kommen, um bei meinem Buch weiterzumachen. Das ist für mich ein wahres Angebot und wir kamen mit dem Buch ein Stück weiter. Ich durfte am 3. Mai zuerst im Haus 1 und eine Woche später wieder in die Seniorengruppe gehen. Christine geht es zur Zeit gar nicht gut und deswegen bleibt sie im Haus 3. Björn, der Betreuer, muss immer nach Christine sehen und dadurch bin ich auf eine Stunde zum Verbessern des Buches auch in Haus 3. Christine geht es etwas besser, sodass Björn sie bewegen konnte, in die Tagesbetreuung zu gehen. Ich hoffe jetzt, dass es für längere Zeit so bleibt. Wenn jeder seinen Beitrag macht, dann wird es funktionieren.

Tiergeschichten

Mit Mona beim Reiten

Ist eine Freundschaft mit einem Tier einfacher, als mit einem Menschen?

Als ich den Satz gelesen habe, fing ich an nachzudenken.
Ob mit einem Tier so etwas wie eine Freundschaft entstehen kann.

Ich glaube schon, vielleicht anders, als bei einem Menschen. Weil Tiere können nicht sprechen. Mein ganzes Leben habe ich mit Tieren zu tun gehabt. Mit 17 bekam ich einen Pudel. Ich hatte ihn 10 Jahre und wir waren unzertrennlich. Es war ein Weibchen und so wie meine beste Freundin. Weil sie hat bemerkt, wenn ich traurig war. Sie kam zu mir und schleckte mein Gesicht ab. Ich glaube, auch die Hündin hat bemerkt, dass ich eine Behinderung habe.

Viele Jahre gehe ich reiten. Mona, so heißt die Stute. Ich freue mich immer wenn ich Mona sehe und auf ihr reite. Bei ihr habe ich auch das Gefühl, dass sie mich versteht. Tiere sind vielleicht einfühlsamer als oft ein Mensch. Ich hatte schon viele Freundschaften mit Menschen. Doch ich wurde schon sehr oft verletzt und enttäuscht. Nur mit meinem Lebensgefährten ist das anders, er hat mich noch niemals enttäuscht.

Es kommt auch bei einem Menschen auf den Charakter und auf die Erziehung an. Meistens sind beide schuld, wenn eine Freundschaft nicht funktioniert. Es gibt viele Gründe. Ich glaube, das Schlimmste ist die Eifersucht und das Besitzergreifen. Dadurch fühlt sich der Partner eingeengt. Dem Partner seine Freiheit lassen. Mein Lebensgefährte und ich, wir sind schon über 30 Jahre zusammen. Am Anfang gab es ein wenig Probleme. Aber mit der Zeit habe ich begriffen, dass mein Freund und ich einen Freiraum brauchen.

Mit den Maltesern mache ich gerne Ausflüge und Reisen. Doch mein Freund will nicht mitkommen. Ich frage ihn immer wieder, ob er doch einmal mitkommen will. Aber er lehnt immer wieder ab. Und so fahre ich ohne ihn. Mir macht es auch nichts aus, wenn er von der Werkstatt aus bei der Urlaubsaktion mitfährt. Ich glaube dadurch funktioniert unsere Beziehung sehr gut.

Das Glück der Erde liegt auf dem Rücken der Pferde

Ich mache schon viele Jahre eine Hippotherapie. Die Hippotherapie ist eine Therapie mit Pferden. Tut dem Körper und der Seele gut. Es ist ein besonderes Gefühl, wenn ich auf meiner Stute Mona sitze und zwischen den Feldern auf ihr reite. Dann denke ich an dieses Sprichwort. Für mich ist es Entspannung und Freude zugleich. Leider dauert die Therapie nur eine dreiviertel Stunde, am liebsten würde ich länger reiten.

Einmal sind wir ins Dorf geritten. Es war sehr weit, aber ich fand es trotzdem schön und ich habe es sehr genossen. Anfangs bin ich mit dem Grisu durch die Prater Hauptallee und ab und zu bis zum Lusthaus geritten. Eines Tages bin ich beim Absteigen vom Grisu hinunter gefallen und seitdem reite ich auf der Mona. Grisu war ein Hengst, der Name Grisu kommt vom Feuerwehrmann Grisu. Der Hengst hatte ein helles Fell mit schwarzen Punkten und deswegen der Name Grisu.

Grisu

Am Anfang ging ich in der Nähe des Praters reiten. Damals hatte Sabine noch keinen Reitstall. Doch sie besaß schon ein eigenes Pferd, den Grisu. Er war bei der Martina im Reitstall eingestellt. Neben ihrem Beruf machte Sabine Hippotherapie.

Meine Bezugsbetreuerin ist mit der Sabine befreundet und so kam ich zum Reiten. Mir macht das Reiten viel Spaß und ich gehe nicht nur wegen der Pferde zum Reiten, sondern auch wegen den Katzen. Ich glaube, in jedem Reitstall sind Katzen und Hunde. Die Wartezeit bis zum Reiten verbrachte ich mit Katzenstreicheln.

Doch eines Tages geschah etwas beim Absteigen. Grisu war schon bei der Stufe und ich hielt mich mit meiner Hand beim Geländer zum Absteigen an. Auf einmal machte Grisu ein Schritt zur Seite, dabei konnte ich nicht mehr loslassen. Dadurch fiel ich vom Pferd und bin mit

einer leichten Gehirnerschütterung ins Krankenhaus. Damals habe ich keinen Sturzhelm getragen.
Eigentlich wollte ich nicht mehr auf ein Pferd aufsteigen und mit dem Reiten ganz aufhören. Doch mein Hausarzt hatte mir geraten, sofort wieder reiten zu gehen. Nach einiger Zeit ging ich mit einem Sturzhelm wieder reiten. Doch auf dem Grisu bin seitdem nicht mehr geritten. Wir borgten uns von Martina eine Stute mit dem Namen Finni aus. Finni war ein Pony und sehr brav.

Das Reiten machte mir wieder sehr viel Spaß.

Vor einem halben Jahr, als Sabine mit Grisu arbeiten wollte, hatte sich der Grisu so sehr aufgeregt, dass in seinem Körper eine Ader zerplatzte. Dadurch hat er eine innere Blutung bekommen und starb. Der Name Grisu stammt von der Geschichte "Der Feuerwehrmann Grisu". Grisu hatte ein fast weißes Fell mit schwarzen Punkten.

Mona

Auch Mondschi genannt. Mona ist ein Pony und 30 Jahre alt. Für ihr Alter ist sie sehr gut beisammen und sehr gutmütig. Sie ist eigentlich ein braves Pferd. Obwohl Mona hat auch ihre Eigenheiten. Manchesmal ist sie stur und wenn ihr etwas nicht passt, fängt Mona zu wiehern an. Einmal haben wir uns unterhalten und Mona hatte den ganzen Weg nur gewiehert, sie ließ uns nicht zu Wort kommen. Sodass wir meinten, sie möchte auch mit uns mitreden. Die Besitzerin von Mona wollte sie nicht mehr haben und so verkaufte sie Mona an den Reitstall. Die Stute wurde als Therapiepferd abgerichtet.

Viele Jahre reite ich auf Mona. Ich freue mich jeden Donnerstag auf sie und auf die Katzen. In der letzten Zeit kamen zwei kleine Kätzchen dazu. Ein schwarzes und ein semmelbraunes. Wenn ich die Gaststube betrete, kommt das schwarze Kätzchen und hüpft auf meinen Schoß und lässt sich streicheln. Bald darauf kommt auch das zweite und will auch gestreichelt werden. Bald sind im Reitstall mehr Katzen als Pferde. Weil es sind auch 6 - 8 Katzen im Stall. Sie sind alle zutraulich.

Weihnachten

Es waren die schönsten Weihnachten seit Langem. Schon zeitig am frühen Vormittag ging ich reiten. Eine Fahrerin vom Fahrtendienst hat sich bereiterklärt, obwohl sie eigentlich frei hatte. Karin ist, so wie ich, eine große Pferdefreundin und deswegen meldet sie sich ganz gerne, um mich nach Gerasdorf zu führen. Als wir ankamen, war schon was los in dem Reitstall. Natürlich waren die Katzen wieder im Stüberl versammelt. Leider fing es zu regnen an und wir mussten die Reitstunde in der Halle abhalten. Diesmal gefiel mir das Reiten in der Halle. Sonst reite ich lieber in Freien. Doch diesmal waren ein paar andere Pferde in der Halle und wir ritten im Kreis.

Ein Pferd (Ronny) machte ein kleines Kunststück. Er hat sich niedergelegt und seine Besitzerin setzte sich neben ihn auf dem Boden. Ein anderes Pferd trug sogar eine Mütze. Das hat mir so gut gefallen. Nur Mona war wieder ein Biest. Weil ein Pferd ihr zu nahe gekommen ist, wollte sie es gleich beißen. Nach dem Reiten gab es kleine Geschenke.

Am Nachmittag kam mein Freund, gemeinsam haben wir den Christbaum aufgeputzt. Am Abend gingen Pepi und ich in die WG, zum Essen, und da haben wir auch Geschenke bekommen. Nach der Bescherung gingen wir in unsere Wohnung, Pepi überreichte mir ein großes Packerl, mit lauter Naschereien und Pflegemittel. Ich habe mich sehr gefreut darüber. Doch dem Christkind ist ein kleines Missgeschick passiert. Das Christkind hat das Autogramm von Peter Weck mit Conny Froboess verwechselt. Stattdessen bekam ich Peter Kraus mit Conny Froboess.

Der Silvester

Der Silvestertag verlief diesmal ein wenig anders als sonst. Wieder verbrachten wir den Vormittag mit Reiten. Wieder holte mich vom Fahrtendienst die Karin und brachte mich wieder nach Hause. Die Zwischenzeit verbrachte Karin in der Stube und es war es ein Glück, dass Karin in der Stube war. Wegen der kleinen schwarze Katze Krümel. Sie ist die schlimmste Katze, die ich kenne. Überall oben und nix ist vor ihr mehr sicher. Nicht einmal die Weihnachtskekse sind vor ihr sicher. Jasmin hatte ihre Tasche mit Neujahrsgeschenken auf den Tisch gestellt, um mit mir die Reitstunde abzuhalten. Als wir zurückkamen, erzählte Karin, was Krümel angestellt hatte. Sie konnte das Schlimmste noch verhindern. Jasmin begann mit Krümel zu schimpfen, doch das hat auf Krümel keinen besonderen Eindruck gemacht. Gleich wollte er wieder auf den Tisch springen, doch er wurde von uns verjagt. Zum Abschied meinte Karin, der Krümel sei ein Lauser.

Am Nachmittag kam wieder mein Freund Pepi und blieb über Nacht. Um 17 Uhr 30 gab es in der WG ein Abendmahl. Leider geschah dem Pepi ein Missgeschick. Beim Aufsperren von der WG brach der Schlüssel ab und blieb im Schlüsselloch stecken. Danach kam niemand hinein. Mir war es sehr peinlich. Zum Glück gibt es einen zweiten Eingang.

Schwarze Katze Puppi

Seit vielen Jahren schleicht eine schwarze Katze umher.
Wem die Katze gehört und wo sie herkommt, das wissen wir nicht. Am Anfang ist sie bis in meine Wohnung gekommen.

Eines Tages machte ich ein Mittagsschläfchen. Als ich erwachte, saß die Katze neben meinem Bett und sah mich mit ihren großen Augen an. Ich setzte mich auf und sagte zu ihr: "He Katze, was machst du da?" Daraufhin rannte sie davon. Doch sie kam immer wieder. Bis ich es eines Morgen sehr eilig hatte, und laut sagte, sie soll verschwinden, ich hab keine Zeit, und warf sie hinaus. Seitdem kommt sie nicht mehr zu mir. Es tut mir bis heute leid. Aber ich sehe sie oft in unserem Garten. Am liebsten ist sie vorne beim Eingang von der WG. Die Katze war einmal in der WG. Ein Betreuer hat sie mit Schinken gefüttert und ihr den Namen "Puppi" gegeben. Ich bin ihr schon beim Friedhof begegnet. Einmal hat die Betreuerin Puppi eingefangen und zu mir gebracht. Zum Glück hatte ich ein Trockenfutter zuhause, wir gaben ihr ein paar Stücke vom Futter und eine Schüssel Wasser. Sie fraß alles auf und ging.

In den Rauhnächten stellte ich für die Percht eine Schüssel Milch und ein Stück Kuchen hinaus. Als ich in der Früh nachsah, war die Schüssel leer und der Kuchen weg. Ich vermute das war die Puppi, oder doch die Percht?

Eichkätzchen

Erzählung von meinem Vater. Als er noch jung war und alleine wohnte, zog mein Vater zwei Eichkätzchen auf. Eigentlich waren es vier. Der Jäger hatte ihre Mutter erschossen. Dann merkte er, dass Junge im Nest waren, vier Junge. Zum Glück nahm zwei von vier mein Vater und die anderen zwei hatte eine Frau vom Dorf genommen. Doch die zwei Eichkätzchen von der Frau sind gestorben. Weil sie hatte sie mit normaler Milch aufgezogen und die Eichkätzchen haben die Milch nicht vertragen. Doch mein Vater hatte die Milch gewässert und seine Eichkätzchen haben überlebt und wurden größer.

Sie waren dann auch sehr zahm und waren auch bei anderen Leuten im ganzen Haus. Die Eichkätzchen gingen auch zum Einkaufen mit. Sie saßen auf Vaters Schultern oder krochen in seine Hosentaschen und so ging Vater mit ihnen spazieren.

Mit der Zeit wollte er sie loswerden, weil sie haben die ganze Wohnung kaputt gemacht, die Vorhänge zerissen, das Geschirr zerschlagen. Es war vor ihnen nichts mehr sicher. Eines Tages beschloss mein Vater, mit ihnen in den Wald zu gehen, um die zwei freizulassen. Doch sie waren wieder scheller zuhause als er. Zweimal hatte er es versucht, aber die sind immer wieder zu meinem Vater zurückgekehrt. Bis er mit den Eichkätzchen nach Greifenstein gefahren ist. Dann fanden sie den Weg nicht mehr zurück.

Ich mag die Eichkätzchen, die sind putzige Tierchen mit ihrem buschigen Schweif. Mein Freund und ich machten einen Ausflug nach Schönbrunn und wir spazierten den Weg zur Gloriette. Wir beobachteten, dass ein Eichkätzchen von der Hand eines Mannes gefressen hatte.

Ein nächtlicher Besuch

Vor ein paar Tagen hörte ich mitten in der Nacht ein Geräusch. Ich stand auf um nachzuschauen, was das sein könnte. Dann legte ich mich wieder hin, in der Meinung, dass ein Igel oder die Katzen in unserem Garten umherschleichen. Bis jetzt hatte ich an warmen Sommernächten die Terrassentüre offen gelassen. Mit dem Gedanken, es kommen eh nur die verdammten Schnecken herein. Doch ich hatte ein nächtliches Erlebnis.

Am Freitag in der Nacht hörte ich wieder ein Geräusch und drehte das Licht auf. Da sah ich am Bettanfang ein Tier sitzen und das schaute mich an. Ich bin nicht sonderlich erschrocken. Die Betreuer und ich waren der Meinung, dass es ein Marder sein könnte. Aber für einen Marder war mir das Tier zu zutraulich gewesen.

Ich versuchte es zu verjagen. Doch das Tier blieb sitzen. Obwohl ich es ein paarmal schubste und es anschrie war es nicht dazu zu bewegen, davon zu laufen. Dann lief es hinter den Schreibtisch und dann noch hinter Pepis Bett. Ich dachte, was soll ich tun? Den Betreuer wecken wollte ich auch nicht. In meiner Verzweiflung holte ich den Besen um den Marder, oder was immer es war, zu vertreiben.

Als ich ins Zimmer kam und nachschaute, war das Tier wie durch einen Spuk verschwunden. Am Morgen erzählte ich meinem Betreuer das nächtliche Erlebnis. Er fragte, ob ich es nur geträumt habe. Welches Tier es wirklich war, bleibt mir ein Rätsel. Vielleicht ist es ein Frettchen oder ein Wiesel oder ein Siebenschläfer. Für einen Marder war das Tier zu zutraulich.

Schnurzi

Eines Tages brachte mein Vater ein kleines Kätzchen nach Hause. Ich und das Kätzchen wuchsen gemeinsam auf.

Als es größer wurde, durfte es ins Freie und Schnurzi fand den Weg immer nach Hause. Die Katze wusste auch, wo der Bahnhof ist und in welchem Zug mein Vater kam. Immer wenn es Abend wurde, lief

Schnurzi den Weg zum Bahnhof und wartete auf den Papa. Zusammen gingen die beiden den Weg bis zur Gartentür. Dann trennten sich ihre Wege. Schnurzi hüpfte in den Nachbarsgarten und Papa ging in die Wohnung. Obwohl Papa zu ihr sagte, sie soll mitkommen. Aber Schnurzi hat dem Papa etwas gepfiffen. Sie kam auch wann sie wollte. Mama konnte auch stundenlang nach ihr suchen oder nach ihr rufen. Doch Schnurzi rührte sich nicht. Obwohl Schnurzi in der Nähe war. Sie kam einfach nicht aus ihrem Versteck heraus.

Im Sommer fuhren wir zu meinem Großvater aufs Land. Mein Großvater war Bauer und bei der Ernte konnte er die Hilfe von meiner Mutter gebrauchen. Zufällig musste von der Arbeit aus mein Vater mit. Deswegen setzte meine Mutter unsere Katze in eine Schachtel und so fuhren meine Eltern mit Kind und Kegel aufs Land. Als meine Mutter die Katze herausgelassen hatte, sprang Schnurzi heraus und lief gleich davon. Tagelang war sie verschwunden. Wir glaubten schon, Schnurzi sehen wir nie wieder. Doch am letzten Tag ganz zeitig in der Früh saß Schnurzi auf dem Fensterbrett. Wir öffneten das Fenster und sie sprang auf das Bett. Ob sie wusste dass es wieder heim ging? Schnurzi wurde nur 10 Jahre alt.

Ferry

Diese Geschichte handelt von Großvaters Hund. Großvater war der Vater meiner Mutter und lebte auf dem Land im Weinviertel. Immer wenn es Sommer war fuhren wir zu ihm, um bei der Ernte zu helfen. Manchesmal war meine Cousine auch da. Wir spielten am liebsten mit Ferry, so hieß der Hund und war unser Liebling. Er war schwarz, mittelgroß und sehr gutmütig. Was wir zwei mit dem Ferry alles anstellten. Ich glaube ein anderer Hund hätte uns gebissen oder wäre davongelaufen. Aber Ferry ließ sich alles gefallen. Meine Cousine nahm einen Strick und band ihn auf das Halsband des Hundes. Dann holte sie den Leiterwagen und band das andere Ende des Strickes am Leiterwagen fest und dann setzten wir uns selbst hinein. Aber das war noch nicht alles. Ferry war unser Pferd und musste uns auf den Berg hinaufziehen.

Er war auch ein gescheiter Hund. Wenn wir auf die Felder fuhren, durfte der Hund nicht mit. Deswegen hatte Großvater den Hund im Pferdestall angehängt, sonst hätte der Jäger ihn erschossen. Trotzdem ist es vorgekommen, dass Ferry sich losgerissen hat und uns immer gefunden hat. Egal wo wir waren. Ferry wusste auch, wann von der Familie wer kommt. Er rannte zur Autobushaltestelle und holte uns ab. Eines Tages hatte Ferry eine Verletzung und starb. Mein Großvater verabsäumte, mit Ferry zum Tierarzt zu gehen. Vielleicht wäre er doch noch zu retten gewesen.

Pina

Nach vielen Jahren bekam wir ein Pudel. Ohne uns zu fragen, brachte mein Vater eines Tages ein Hundebaby mit nach Hause. Meine Mutter fiel aus allen Wolken. Aber meine Freude war sehr groß. Endlich wieder ein Tier und ein Hund dazu!

Wir hatten schon zwei Wellensittiche. Eines Tages fand mein Vater auf der Straße einen Wellensittich und brachte ihn in die Wohnung. In der Meinung, der Vogel ist wo ausgekommen und fand den Weg nicht mehr zurück. Zum Glück hatten unsere Nachbarn einen Käfig und Futter. Nach ein paar Tagen kauften meine Eltern einen großen Käfig und einen zweiten Wellensittich. Auf einmal hatte ich zwei Vögel und einen Hund. Die drei verstanden sich sehr gut.

Es gab am Anfang schon ein Problem. Weil unser Hausherr keine Haustiere erlaubte. Obwohl er zwei bissige Dackel und einen Kater hatte. Ich konnte es nicht verstehen. Er mochte mich und eigentlich ich ihn auch. Die Hündin vom Chef meines Vaters bekam Junge und deswegen nahm er einen kleinen Hund mit nach Hause. Mein Vater behauptete, wegen mir. Deshalb schrieb der Chef einen Brief an den Hausherrn und wir konnten den Hund behalten. Wir tauften ihn Pina, so wie ihre Mutter. Weil sie war eine Hündin. Uns fiel kein anderer Name ein. Ich hätte sie Susi getauft. Aber Susi ist ein Dackelname, behauptete eine Bekannte von uns.

Manchesmal nannte ich sie Puppi. Weil sie war wie ein Plüschtier. Mit ihren schwarzen Locken und sie war so verspielt. Sie hatte auch einen Stammbaum. Den ganzen Namen weiß ich nicht mehr. Nur Anette von... Meine Mutter und ich haben schon überlegt ob wir sie nicht Nettchen nennen sollen. Aber mein Vater bestand auf Pina.

Am Anfang war sie sehr temperamentvoll und sie zerbiss fast alles, was so umhergelegen ist. Wir waren ständig beim Wegräumen. Wenn meine Mutter bügelte und die Wäsche fein säuberlich zusammengelegt hatte, kam Pina und riss die gebügelte Wäsche wieder auseinander. Meine Mutter war schon sehr verzweifelt und mit den Nerven am Ende. Mit der Zeit wurde Pina ruhiger und blieb einige Stunden alleine. Wir mussten ihr Schritt für Schritt beibringen, dass wir wiederkommen. Die ersten Male fing sie laut zu bellen an, bis Pina gemerkt hatte, dass wir wieder kommen. Von da an war sie immer brav. Die Nachbarn merkten auch nicht, dass Pina allein war.

Wir hatten eine sehr schöne Bauernstube und meine Mutter war sehr heikel. Da durfte auch ich nicht hinein. Darum lernte meine Mutter ihr, dass die Stube für sie tabu war. Mein Vater baute einen Zaun. Dass sie weiß, dass die Stube für sie verboten war. Nur einmal sprang sie über den Zaun. Pina bekam einen Klaps und meine Eltern schimpften mit ihr. Seitdem war Pina nur noch dort wenn der Vater in der Stube drinnen war. Weil mein Vater schlief in der Bauernstube und meine Mutter und ich schliefen in Wohnzimmer. Am Abend zum Plaudern mit Papa durften ich und Pina an seinem Bett sitzen.

Unser Fehler war, wir waren zu wenig streng zu ihr. Sie hat gebettelt und manchesmal hat sie auch vom Essen etwas gestohlen. Am besten folgte Pina dem Großvater. Ich vermute, er hatte immer Hunde gehabt und er kannte sich mit Pina gut aus. Großvater brauchte nur seinen Zeigefinger herhalten und Pina wusste, wo es lang geht. Obwohl er mit der Pina spielte und sie streichelte, folgte sie ihm. Er war sehr tierliebend. Trotzdem ließ er nichts durchgehen, so wie meine Eltern. Ich war wieder zu streng, aber Pina hat mir immer die Wolle gestohlen und durcheinander gebracht. Die Zeichnungen hat sie mir zerrissen. Da wurde ich zornig und dann stamperte ich sie auf ihren Platz und schimpfte mit ihr. So richtig gefolgt hat sie mir nicht. Wenn ich zu weinen anfing, tröstete mich Pina, schleckte mein Gesicht ab, bis ich aufhörte zu weinen. Wenn ich wollte, dass sie zu mir kommt, habe ich absichtlich zu weinen begonnen.

Das Autofahren war für sie eine Qual. Pina wollte nicht Autofahren und bellte die ganze Fahrt. Das war für meinen Vater anstrengend. Immer am Wochenende fuhren wir nach Eichgraben zur Großtante in den Garten. Und da gab es noch mehrere Tiere. Einen Hund, zwei Katzen, 5 - 6 Meerschweinchen und einen Hasen. Ein Rabe und noch und noch. Meine Tante sammelte herrenlose Tiere und über den Winter Igel. Alle Tiere haben sich untereinander vertragen. Der Hund passte auf den Hasen auf, dass er nicht davonlief. Sie haben auch unseren Hund akzeptiert. Mein Vater baute ein kleines Holzhaus. Pina legte sich gerne auf den Steinboden. Das war gar nicht gut für sie. Weil Pina bekam dadurch Rheumatismus und hatte bis ans Lebensende Schmerzen.

Zum Schluss bekam sie Nierenversagen und starb. Mein Vater begrub sie im Garten in Eichgraben. Jedes Wochenende ging ich zum Grab und pflegte es. Dann bekam ich einen Hasen und ein Meerschweinchen. Aber die beiden haben nicht lange überlebt.

Wastl

Wastl war der Dackel des Hausherrn. Seine Mutter war ein Weibchen mit Namen Mina und es gab einen Kater Peter. Der Kater sah fast so aus wie Schnurzi. Die beiden waren grau getigert und hatten grüne Augen. Eines Tages bekam Mina Junge und der Hausherr hatte eines behalten. Es war ein Männchen und er gab ihm den Namen Wastl. Unser Hausherr arbeitete in Wien und nahm die beiden Hunde mit. Doch nach einiger Zeit ließ er die beiden Hunde zuhause. Sie waren den ganzen Tag alleine zuhause. In der Tür war ein Loch und sie konnten in den Garten. Nur wenn wir vorbei gingen, kamen sie wie zwei Löwen heraus und verbellten uns. Dass wir glaubten, sie zerfleischen uns. Doch das änderte sich mit der Zeit. Wir hatten keinen Hund mehr und der alte Dackel war gestorben. Was wohl mit dem Kater geschehen ist? Ich vermute, dass die Freundin den Kater mitgenommen hatte. Der Hausherr und seine Freundin haben sich getrennt.

Wastl war auf einmal den ganzen Tag alleine, spät am Abend kam der Hausherr erst nach Hause. Manchesmal ließ er den Wastl auch in der Nacht alleine. Meine Mutter fing an, sich um ihn zu kümmern. Sie gab ihm Futter und schön langsam ging sie mit ihm spazieren. Eines Tages brachte meine Mutter ihn zu uns in die Wohnung. Dackel dürfen nicht stiegensteigen und wir wohnten im ersten Stock. Deshalb nahm meine Mutter den Wastl auf den Arm und trug ihn. Seitdem war Wastl nicht mehr bissig. Doch angreifen trauten wir uns ihn trotzdem nicht. Ich warf ihm einen Ball zu und er brachte ihn mir und ich lobte ihn.

Einmal kam der Hausherr früher nach Hause und suchte den Wastl. Er hat uns angerufen und fragte, ob Wastl bei uns ist. Weil Wastl war krank und er musste zum Tierarzt. Dann pflegten wir ihn wieder gesund.

Eine Hundegeschichte

Mein Freund und ich haben einen Ausflug in den Böhmischen Prater gemacht. Der Weg war sehr weit und ein wenig anstrengend. Doch ich habe es ohne Rollstuhl geschafft.

Vorher fragte ich meinen Betreuer, ob er so lieb wäre, im Internet zu schauen, welcher Bus zum Böhmischen Prater fährt. Er schaute im Internet nach und schrieb mir alles auf einen Zettel auf. Mit dem 66A von Alt-Erlaa bis Reumannplatz und dann mit dem 68er bis Urselbrunneng.. Bis zum Reumannplatz ist es gut gegangen. Aber wir fanden den 68er Bus nicht. Wir irrten durch die Gegend und trafen ein paar Leute. Aber sie wussten es auch nicht. Zum Glück kam ein junger Mann. Er begleitete uns zum 68er Bus.

Dann sind wir noch ein Stück weiter gegangen. Als wir zum Böhmischen Prater kamen, kannte ich mich schon aus. Weil ich war schon vor einem Jahr mit einem Zivildiener Julian dort. Wir gingen durch den Prater bis zur Wiese. Ich suchte die Bank, wo Julian und ich gesessen sind. Doch ich fand die Bank nicht mehr. Ich war schon sehr müde und wir beschlossen, uns auf einer anderen Bank auszuruhen.

Kaum hatten wir uns niedergesetzt, kam ein kleiner schwarzer Hund und sprang auf meinem Schoß. Er ließ sich von mir streicheln und wich nicht mehr von meiner Seite. Es dauerte eine Weile bis er von mir wich. Ich glaubte schon, ich bringe den süßen Hund nicht mehr los. Am liebsten hätte ich ihn mit nach Hause genommen. Doch sein Herrchen stand neben uns und mit der Zeit sprang das Hündchen von meinem Schoß und ging mit seinem Herrchen mit.

Zum Abschluss gingen mein Freund und ich auf einen Kaffee und zum Tichy auf ein Eis.

Kurzgeschichten

Die Sage vom Schloss Orth

Der Legende nach lebte ein Riese Erla und der verliebte sich in eine Wassernixe "Blondchen". Er baute für sie ein Schloss. Zuerst nahm er einen ganz großen Felsen und warf ihn in die Mitte des Sees. Darauf baute er ein Schloss. Leider dauerte dieses Glück nur ein Jahr. Angeblich leben Nixen nur ein Jahr. Nach dem Tod von seiner geliebten Nixe, schlug der Riese vor lauter Trauer ihr Gesicht in den Traunstein. Neben den Traunstein ist ein Berg und da schlug er sein Gesicht auch hinein.

Wegen der Legende wird der Traunstein auch schlafende Griechin und Erlakogel genannt. Es ist im Internet nachzulesen. Einer anderen Überlieferung zufolge ist an jener Stelle, an der heute das Seeschloss Orth steht, eine adelige Frau in einem Sturm in Lebensgefahr geraten. Angesichts ihrer ausweglosen Situation soll sie gelobt haben, im Falle ihrer Rettung eine Kirche und ein Schloss zu erbauen. Sie wurde gerettet und hielt ihr Versprechen.

Das Schloss war im Besitz vom Landesherren, Grafen und dem Kaiser. Im 17. Jahrhundert wurde es vom Landesgericht Gmunden sogar kurzzeitig als Gefängnis verwendet, bevor es 1634 völlig niederbrannte. Es wurde nach dem Brand wieder errichtet und vom Festland bis zur Insel mit einer 130 Meter langen Holzbrücke verbunden. Es ist ein beliebter Ort für Brautpaare. 1915 kam das Schloss Orth in die Verwaltung des Staates und wurde dem Bund übergeben.

Im Jahre 1996 drehte der ORF mit dem ZDF die Serie "Schloss Hotel Orth". Über hundert Folgen wurden gedreht und viele berühmte Schauspieler wirken in der Serie mit.

Es ist schon lange her, dass ich mit meinen Eltern in Gmunden auf Urlaub war. Gewohnt haben wir in Traunkirchen, doch es verging kein Jahr, ohne dass wir mindestens einmal in Gmunden waren. Deswegen erkannte ich im Fernsehen alle Drehorte. Mir hat Gmunden sehr gut gefallen. Gmunden ist eine schöne Stadt. Es gibt viele Trachtengeschäfte. Zu Fronleichnam fahren blumengeschmückte Schiffe auf dem See.

Es ist schon lange her, dass ich mit einer Betreuerin vom ÖVSE in Gmunden war. Wir besuchten Schloss Orth, wegen der Serie und der Schauspieler. Aber leider habe ich keinen angetroffen. Doch einmal in der U6 habe ich die Lotte Ledl gesehen. Sie spielte in der Serie die Köchin. Mir gefiel der Andreas Ban gut. Er spielte einen tollpatschigen Portier und hat kein Glück bei Frauen.

Eine Fantasiereise

Wir sind eines Tages in der Werkstatt um einen Tisch gesessen. Jakob hatte die Idee, wir könnten eine Fantasiereise erzählen. Ein jeder sagt ein paar Wörter und dann entsteht eine Geschichte. Die Geschichte handelt von einer Prinzessin und einem Prinzen.

Michi begann die Geschichte zu erzählen: "Der Prinz kommt mit einem Pferd geritten." Kathi meinte, der Prinz reitet durch den Wald, aber ich meinte, er reitet nach Rosenheim und der Prinz heißt Sven. Die Prinzessin heißt Beatrice. Marianne erzählt weiter: "Die Prinzessin stieg auf ein Schiff und der Prinz verfolgte die Prinzessin."
Jakob meinte: "Er verkleidete sich als blinder Passagier und fährt unbemerkt mit dem Schiff mit." Dann erzählte ich weiter: "Auf einmal kam ein starker Wind und dadurch kamen ganz große Wellen. Wegen des großen Seeganges begann das Schiff zu schwanken und kippte um.“ Sabine sagte darauf, dass die Prinzessin und der Prinz ins Wasser gefallen sind und fast ertrunken sind. Jakob hatte Erbarmen und sagte: "Ein paar Fischer haben sie aus dem See gefischt und so wurden die beiden gerettet." Für die beiden gab's ein Happy End.

Aber in der Serie Rosenheim-Cops gibt es zwischen der Frau Ortmann und dem Herrn Hansen kein Happy End. (Schade.) Ich bin nämlich ein große Fan von der Serie Rosenheim-Cops .

Mitgewirkt haben: Betreuer Jakob, Klienten/in Michel, Sabine, Marianne und Maria.

Zum 85sten Geburtstag von Elvis Presley

Am 8. Jänner 1935 in Mississippi geboren. Eigentlich sollten es Zwillinge werden, jedoch sein Zwillingsbruder starb bei der Geburt und so wuchs er in einfachen Verhältnissen als Einzelkind auf.

Elvis liebte seine Mutter sehr und er hörte nur auf sie. Als seine Mutter starb, verlor er den Halt. Bevor er seine Laufbahn als Sänger begann, war Elvis LKW-Fahrer. In Deutschland war Elvis beim Bundesheer. Er verliebte sich in die minderjährige Priscilla und heiratete sie nach ein paar Jahren. Neun Monate später kam seine Tochter Lisa-Marie zur Welt. Doch diese Ehe wurde nicht glücklich. Für Priscilla war die Ehe wie ein goldener Käfig. Nach einiger Zeit kam es unfreiwillig vom Elvis zur Scheidung. Am 16. August 1977 verstarb Elvis an Herzversagen. Er war drogenabhängig und dadurch wurde er schwer krank. Elvis kam mit seiner Berühmtheit nicht zurecht. Angeblich ist er an gebrochenem Herzen gestorben. Ich höre seine Lieder sehr gerne. Mein liebstes Lied ist "Love Me Tender" und mehr ruhigere Lieder.

Vor vielen Jahren war in der Stadthalle eine Ausstellung vom Elvis Presley zu sehen. Zum Glück ist meine Werkstatt nicht weit von der Stadthalle entfernt und so bin ich, statt nach Hause zu fahren, in die Stadthalle gegangen. Da war sein Auto, Gitarren, Kostüme und dazu sang Andi Lee Lang seine Lieder. Es war ein schönes Erlebnis.

Hundert Jahre Salzburger Festspiele

Der Jedermann

Geschrieben in Berlin, von Hugo von Hoffmannsthal. Die Erstaufführung war am 22. August 1920. In diesem Stück handelt es sich um das Leben und Sterben des reiches Mannes.

Tobias Moretti spielte voriges Jahr das letzte Mal den Jedermann. Der Jedermann hatte zwar einen Koffer voller Geld, trotzdem hatte er kein Geld für den armen Bettler. Erst dann, als sein Freund ihm gut zuredete, rückte er mit 10 Euro heraus. Dann kam eine Mutter mit drei Kindern und bat ihn um Hilfe. Doch er schickte sie erbarmungslos weg.

Zu seinem Geburtstag machte er ein großes Fest und lud viele Leute ein. Seine Frau, die Buhlschaft (Caroline Peters) sang "Happy Birthday". Caroline Peters spielte das erste Mal die Buhlschaft.

Mitten unter der Feier kam der Tod und wollte ihn mitnehmen. Der Jedermann hat sich geweigert. Vielleicht hat er geglaubt, er wäre unsterblich. Zuletzt kam der Teufel hinzu und wollte seine Seele. Doch er hatte Glück, ein Engel rettet seine Seele.

Zum ersten Mal habe ich den Jedermann im Fernsehen angesehen. Ich versuchte, den Sinn des Theaterstücks zu verstehen und außerdem hat mir das Stück sehr gut gefallen.

Mein Lebenslauf

Ich bin am 30. März 1951 in Klosterneuburg als einzige Tochter von Katharina und Otto Fasching geboren. Meine Kindheit verbrachte in Kritzendorf.

Von meiner Geburt an bin ich Spastiker. Mit den Jahren wurde meine Krankheit besser. 1959 besuchte ich die Sonderschule am Max Winter Platz. 1963 wechselte ich vom Max Winter Platz in die Währinger Schule. Dort blieb ich bis zu meinem siebzehnten Lebensjahr.

Nach Absolvierung meiner Schulpflicht ging ich zu Jugend am Werk in die Tagesstätte in den 14. Bezirk. Ich war ca. 25 Jahre in der Tagesstätte. Als meine Mutter verstarb, kam ich in ein Wohnheim in die Hochstr. im 23. Bezirk. Dort lernte ich meinen Lebenspartner kennen. Wir sind schon über 30 Jahre zusammen.

1989 kam ich in die Selbsthilfegruppe des Spastiker-Verbandes in die Kirchstetterng. 1160 Wien. Im Jänner 1991 zog ich in eine Wohngemeinschaft, Gatterederstr. im 23.. Dann habe ich die Möglichkeit bekommen, in eine Garconniere in der Canevalestr. zu ziehen. Dadurch wurde ich sehr selbstständig. Ich konnte einkaufen und mit öffentlichen Verkehrsmitteln fahren. Wegen meiner Schmerzen in meinen Beinen bin ich unsicher geworden und jetzt brauche ich mehr Hilfe. 2018 bekam ich einen Computer mit Internet. Ich kann E-Mails verschicken und am liebsten höre ich Musik.

Seit dem 1. Juli 2019 bin ich im wohlverdienten Ruhestand.

Meine Ziel ist, ein Buch zu schreiben.

Maria Fasching, geschrieben am 26. Juli 2019